教师职业素养与发展规划

教师的身心修炼

张晓明◎编著

JIAOSHIDE
SHENXINXIULIAN

吉林文史出版社

图书在版编目（CIP）数据

教师的身心修炼 / 张晓明编著. ——长春：吉林文
史出版社，2012．8（2021.6重印）
（教师职业素养与发展规划）
ISBN 978－7－5472－1166－3

Ⅰ．①教… Ⅱ．①张… Ⅲ．①中小学－教师－修养
Ⅳ．①G635.16

中国版本图书馆 CIP 数据核字（2012）第 186139 号

教师职业素养与发展规划

教师的身心修炼

JIAOSHIDESHENXINXIULIAN

编著/张晓明

责任编辑/ 高冰若

封面设计/小徐书装

出版发行/吉林文史出版社

地址/长春市福祉大路5788号

邮编/130118

网址/www.jlws.com.cn

印刷/三河市燕春印务有限公司

开本/710mm×1000mm　1/16

印张/14　字数/145 千字

版次/2013 年 1 月第 1 版　2021年 6 月第 3 次印刷

书号/ISBN 978－7－5472－1166－3

定价/39.80 元

前　言

教师是人类灵魂的工程师，是整个国民素质的决定力量之一，而其身心健康水平将对教育事业、对学生、对自己具有决定性的影响。当前，社会竞争氛围浓厚、工作压力比较繁重，在这种中国发展的重要历史时期，教师需要掌握必要的保持身体健康、调整自己心态的知识和技巧，这将对保持教师队伍的生命力有重要意义。

本书结合教师的职业特点，针对教师普遍存在的职业健康问题和心理调适问题，从健康的视角出发，以教师的职业生活为切入点，分别从教师的生活方式、教师的慢性疾病、教师的情绪调节、教师的压力和教师的人际关系等方面给予教师身心修炼以一定的建议和指导。编者在本书的编写过程中，借鉴了当前健康心理学关于健康的观点，把教师的身心修炼放在生理、心理和社会关系三位一体的平台上来探讨，力图给教师展现一幅全方位的身心修炼的画卷。与目前图书市场上的其他同类图书相比，本书具有以下特点：

1.内容深入浅出。作为一本科普类的教师职业用书，本书把健康的观念和心理学的知识极力以一种通俗易懂的方式为读者呈现出来。在注重内容的科学性的同时，也注重了语言表述上的通俗性。在具体行文中，兼顾科学性、教师成长、社会现实三者的和谐统一，注意理论与应用性相结合，基本理论与实用技巧相呼应。

2.形式生动活泼。本书语言活泼、结构新颖、形式多样，不仅有名言警句、阅读材料、小贴士、游戏等内容，还辅以大量的身心测验。既增加了阅读的趣味性和可读性，同时也使读者在阅读的过程中能加深对自己身心状态的了解。

3.案例充分翔实。本书的每个章节都收录了大量的案例，通过对案例的翔实描述和深入分析，可以让读者对本章内容认识得更加深刻，对如何进行自我身心修炼有所启示。

本书由吉林师范大学教育科学学院张晓明老师组织编写，并负责整个书稿的结构、章节设定和统稿。本书的具体分工是：主编张晓明，副主编崔继红、纪红艳。各章的编者是：张晓明（负责撰写第一、六章）；纪红艳（负责撰写第二章）；李飞（负责撰写第三章）；崔继红（负责撰写第四章）；奚颜辉（负责撰写第五章）。

在编写过程中，本书参阅了国内外大量的同类教材、专著和论文资料，在此谨向其作者致以衷心的感谢！同时本书的编写过程还得到了吉林师范大学教育科学学院院长刘春雷教授的热情帮助，得到我的同事崔继红和纪红艳的鼎力支持，得到了我的同学奚颜辉和李飞的友情相助，以及吉林文史出版社的大力支持，在此我们一并表示衷心的感谢！

由于时间繁忙，加上自身水平所限，本书还有许多遗憾和不足，甚至是疏漏和错误，欢迎专家、同行和广大读者批评、指正。

编　者

2012年10月28日

目　　录

健康的身体乃是心灵的客厅，有病的身体则是心灵的禁闭室。

——培根

/ 教师身心修炼概述

【案例引导】

由来笑我看不穿[1]

我曾在瑞金医院断断续续住院长达半年0之久,半年之内接触了大概三五十个病友。开始住院那阵儿癌痛难忍本命不顾,后来不是那么痛了,就开始在病房聊天。

我读了两个硕士一个博士的课程,修社会统计、社会调查两门课不知道重复修了多少遍。幼功难废故伎不弃,在自觉不自觉的病房聊天里,我就会像个社会调查人员一样,以专业且缜密的思维开始旁敲侧击问一些问题。这是自发的科研行为,因为我一直想搞明白,到底是什么样的人会得癌症。有时候问到兴头上甚至觉得自己就是一个潜伏在癌症病房里的青年研究学者。然而无比讽刺的是,现实的我是一个潜伏在青年研究学者中的癌症患者。

长期潜伏的样本抽样 ($n>50$) 让我有足够的自信去推翻一个有关乳腺癌患者性格的长期定论,乳腺癌患者并不一定是历经长期抑郁的。可以肯定地说,乳腺癌病人里性格内

[1] 转引自《读者》2011年第21期.

3

向阴郁的太少太少；相反，太多的人都有重控制、重权欲、争强好胜、急躁、外向的性格倾向。而且这些样本病人都有极为相似的家庭经济背景：她们中很多人都有家庭企业，无论是家里还是厂里，老公像皇帝身边的答应，她们一朝称帝，自己说了算。家庭经济背景其实并不能说明什么，因为来瑞金治病的人，尤其是外地人，没有强有力的经济背景，是不太会在那医院久住长治的。

身边病友的性格特色不禁让我开始反思自己的性格。我很喜欢自己的性格，即便有次酒桌上被一个哥们儿半开玩笑地说上辈子肯定是个山东女响马也不以为然。我从来不认为有什么不好，后来生病才不得不承认，自己的性格不好：我太过喜欢争强好胜，太过喜欢凡事做到最好，太过喜欢统领大局，太过喜欢操心，太过不甘心碌碌无为。

简而言之，是我之前看不穿。

……

我曾经试图做个优秀的女学者，虽然我极不擅长科研，但是既然走了科研的路子就要有个样子。我曾经有野心想在两三年之内搞个副教授来做做，于是开始玩命想发文章搞课题，虽然对实现了做副教授的目标后该干什么非常的迷茫。当下我想，如果哪天像我这样吊儿郎当的人都做了教授，我会对中国的教育体制感到很失落。当然，我非常肯定一定负责地说，我认识的一些垃圾无论是科研能力还是人品道德还真不如我。不说这些了，为了一个不确定是不是自己人生目标的事情拼了命地扑上去，不能不说这是一个傻子干的傻事。得了病我才知道，人应该把快乐建立在长久的可持续的人生目标上，而不应该只是去看短暂的名利权情。

生不如死、死里逃生，死死生生之后我突然觉得一身轻松。不想去控制大局小局，不想去多管闲事淡事，我不再有对手，不再有敌人，我也不再关心谁比谁强，课题也好，任务也罢，暂且放着。

世间的一切，隔岸看花、云淡风轻。

案例分析:

此文的作者是于娟,女,32岁,祖籍山东济宁,海归,博士,复旦大学优秀青年教师,一个两岁孩子的母亲,乳腺癌晚期患者。她于2009年12月确诊患乳腺癌后,写下一年多的病中日记,在日记中反思生活细节,并发出"买房买车买不来健康"的感叹,这些日记后被集结成书,即《此生未完成》。

作为她的同行,从她的文字中我们看到的不只是于娟,而是自己。于娟以她自己的特殊的生命历程告诫我们——人不要任意挥霍健康,任意挥霍幸福,要感恩生活,善待生命。

我们生活在一个喧嚣而浮躁的社会,作为人民教师的我们,要以定见和慧眼选择适合自己的生活方式,同时我们的生活方式本身就是对学生最好的生活方式的教材。所以,作为教师的我们,除了"传道授业解惑"之外,更重要的是要对自己的健康负责,对自己的生命负责。如此,我们才有精力去更好地教育我们可爱的学生。

/ 健康与亚健康 /

大多数人可能都认为健康是这个世界上最重要的事情,但是当他健康的时候,最容易忽略的同时也是健康。这里就存在着一个悖论,为什么我们明明知道健康很重要,但是往往却不重视它呢?原因很简单,可能我们并不真正清楚什么是健康,也并不甚明了该如何保持健康。

健康何解? /

在20世纪30年代,美国健康教育专家鲍尔和霍尔(Bauer.w.w.&Hull.H.G.)等就指出:"健康就是人们身体、心情和精神方面都自觉良好,精力充沛的状态。"1947年世界卫生组织(WHO)在其宪章中指出:"健康不仅仅是免于疾病和虚弱,而且是保持身体上、精神上和社会适应等方面的完美状态。"这一概念修正了以往健康仅指无生理功能异常，免于疾病的单一概念，明确地概括出了人们生命活动过程中生理、心理、社会行为等多方面的要求，并在1978年初级卫生保健大会发表的《阿拉木图宣言》中加以重申："健康不仅是疾病与体弱的匿迹，而且是身心健康、社会幸福的完美状态。"该《宣言》进一步指出："健康是基本人权，达到尽可能的健康水平，是世界范围内的最重要的一项社会性目标。"1989年，世界卫生组织给"健康"下了这样的定义："身体无疾病不虚弱，心理无障碍，良好的人际关系和社会适应能力，只有这三方面的状态都达到良好时，才是完全意义上的健康。"

事实上，健康不仅仅是指没有疾病或病痛，更是一种身体上、精神上和社会适应上的完全良好状态。也就是说健康的人要有强壮的体魄和乐观向上的精神状态，并能与其所处的社会及自然环境保持协调的关系和良好的心理素质。具体的标准如下：

(1) 处世乐观，态度积极，乐于承担任务，不挑剔；(2) 良好的休息习惯，睡眠良好；(3) 应变能力强，能适应各种环境变化；(4) 对一般感冒和传染病有一定的抵抗力；(5) 体重适当，体态均匀，身体各部位比例协调；(6) 眼睛明亮，反应敏锐，眼睑不发炎；(7) 牙齿洁白，无缺损，无疼痛感，牙龈正常，无蛀牙；(8) 头发光洁，无头屑；(9) 肌肤有光泽，有弹性，走路轻松，有活力。(10) 足趾活动性好，足弓弹性好，肌肉平衡能力好。

如果以此为标准，我们大部分的老师可能都没有达到一种完全健康的状态，而是处于一种亚健康的状态。

【健康小贴士】

我国传统医学的健康标准[1]

1. 眼有神：目光炯炯，无呆滞的感觉，说明精气旺盛，脏器功能良好，思想活跃。

[1]　http://blog.sina.com.cn/s/blog_4e2cb1a001007y5k.html

2. 声息和: 声如洪钟, 呼吸从容不迫, 说明心平气和, 肺脏功能良好, 抵抗力强。

3. 前门松: 小便畅通, 不淋无频利索, 说明泌尿无恙, 生殖系统正常, 生活自如。

4. 后门紧: 没有便秘, 每日规律一次, 无腹痛没腹泻, 消化系统良好, 功能旺健。

5. 形不丰: 体态匀称, 身体没有超重, 说明体重标准, 形态不胖不瘦, 变化不大。

6. 牙齿坚: 口腔无恙, 基本没有龋齿, 没有口臭溃疡, 反映肾精充足, 消化不弱。

7. 腰腿灵: 运动自如, 肌肉骨骼正常, 四肢灵活有力, 说明关节良好, 体健身强。

8. 脉形小: 心跳正常, 没有心律不齐, 血液循环良好, 心脏功能正常, 身体正常。

9. 饮食稳: 定时定量, 从不挑食偏食, 没有饱食滥饮, 没有烟酒嗜好, 注意营养。

10. 起居准: 作息有时, 按时起床入睡, 保证睡眠质量, 从不随意熬夜, 没有失眠。

亚健康 ╱

亚健康即指非病非健康状态, 这是一类次等健康状态 (亚即次等之意), 是界乎健康与疾病之间的状态, 故又有 "次健康"、"第三状态"、"中间状态"、"游移状态"、"灰色状态" 等的称谓。世界卫生组织将机体无器质性病变, 但是有一些功能改变的状态称为 "第三状态", 我国称为 "亚健康状态"。

人体出现 "亚健康状态" 时, 常常有以下表现: (1) 心悸不安, 惊悸少眠, 主要表现为: 心慌气短, 胸闷憋气, 心烦意乱, 惶惶无措, 夜寐不安, 多梦纷纭; (2) 汗出津津, 经常感冒, 经常自汗、盗汗、出虚汗, 自己稍不注意, 就感冒, 怕冷; (3) 舌赤苔垢, 口苦便燥, 具体指: 舌尖发红, 舌苔厚腻, 口苦、咽干, 大便干燥、小便短赤等; (4) 面色有滞, 目围灰暗, 具体指: 面色无华, 憔悴; 双目周围, 特别是眼下灰暗发青; (5) 四肢发胀, 目下卧蚕, 比如: 有些中老年妇女, 晨起或劳累后足踝及小腿肿胀, 下眼皮肿胀、下垂; (6) 指甲成像, 变化异常, 中医认为, 人体躯干四肢、脏腑经络、气血体能信息层叠融会在指甲上成像。如指甲出现卷如葱管、相似蒜头、剥如竹笋、枯似鱼鳞、曲类鹰爪、塌同瘪螺、月痕不齐、峰突凹残、甲面白点等, 均为甲象异常, 病位或在脏腑、或累及经络；(7) 潮前胸胀，乳生结节，具体表现为：妇女在月经到来前两三天，四肢发胀、胸部胀满、胸胁串痛，妇科检查，乳房常有硬结，应给予特别重视；(8) 口吐黏物，呃逆胀满，具体表现为：常有胸腹胀满、大便黏滞不畅、肛门湿热之感，食生冷干硬食物常感胃部不适，口中黏滞不爽，吐之为快。重时，晨起非吐不可，进行性加重；

(9) 体温异常，倦怠无力，具体表现为：下午体温常常约为37°C—38°C，手心热、口干、全身倦怠无力，应到医院检查是否有结核等；(10) 视力模糊，头胀头疼，具体表现为：平时视力正常，突感视力下降 (非眼镜度数不适)，且伴有目胀、头疼，此时千万不可大意，应及时到医院检查是否有颅内占位性病变。

亚健康的状态是身体在向你发出预警信号，虽然你的身体还没有器质性病变，但是如果不注意调养与保健，很容易诱发各种疾病。

【健康小测试】

亚健康小测试

对照着下面这些症状，测一测自己是不是亚健康或是亚健康到了什么状态了。如果你的累积总分超过50分，就需要坐下来，好好地反思你的生活状态，加强锻炼和营养搭配等；如果累积总分超过80分，赶紧去医院找医生，调整自己的心理，或是申请休假，好好地休息一段时间。

1.早上起床时，常有头发掉落。(5分)

2.感到情绪有些抑郁，会对着窗外发呆。(3分)

3.昨天想好的事，今天怎么也记不起来了，而且近些天，经常出现这种情况。(10分)

4.害怕走进办公室，觉得工作令人厌倦。(5分)

5.不想面对同事和上司，有自闭症趋势。(5分)

6.工作效率下降，上司已对你不满。(5分)

7.工作一小时后，身体倦怠，胸闷气短。(10分)

8.工作情绪始终无法高涨。最令自己不解的是：无名的火气很大，但又没有精力发作。(5分)

9.一日三餐，进餐甚少，排除天气因素，即使口味非常适合自己的菜，近来也经常味同嚼蜡。(5分)

10.盼望早早地逃离办公室，为的是能够回家躺在床上休息片刻。(5分)

11.对城市的污染、噪声非常敏感，比常人更渴望清幽、宁静的山水，休息身心。(5分)

12.不再像以前那样热衷于朋友的聚会，有种强打精神、勉强应酬的感觉。(2分)

13.晚上经常睡不着觉，即使睡着了，又老是在做梦的状态中，睡眠质量很糟糕。(10分)

14.体重有明显的下降趋势，早上起来，发现眼眶深陷，下巴突出。(10分)

15.感觉免疫力在下降，春、秋季流感一来，自己首当其冲，难逃"流"运。(5分)

16.性能力下降，妻子（或丈夫）对你明显地表示了性要求，但你却经常感到疲惫不堪，没有什么欲望。妻子（或丈夫）甚至怀疑你有外遇了。(10分)

/ 教师身心修炼缘起 /

教师身心健康现状 ╱

身体健康状况

武汉同济医疗保健中心近日对部分中学教师体检时发现，参加体检的107名教师中，总患病率竟高达70.3%。检查显示，口腔及咽喉类疾病排在首位，患病率高达70%；30%左右的教师患胃肠道疾病；患有颈椎及腰椎类疾病的教师占22%。另外，每天的超时工作, 职业压力, 还导致许多教师处于亚健康状态。[1]

高校教师的身体健康状况也好不到哪里去。2002年, 广东省教育工会采用科学的抽样方法, 对全省涉及到19所高校的8417名教师进行过调查, 结果显示: 只有10.40%的高校教师身体完全健康, 身体处于亚健康状态的教师占45.55%, 处于前临床状态的教师占23.63%, 处于疾病状态的教师占20.42%。

【知识链接】

高知分子"过劳死"频发

萧亮中, 男, 中国社科院边疆史地研究中心学者。终年32岁。据《南方周末》报道, 1月5日凌晨萧亮中在睡梦中突然与世长辞。击倒这位年轻人的, 是过度的劳累和生活压力, 以及他内心郁积着的焦虑。

焦连伟, 男, 清华大学电机与应用电子技术系讲师, 终年36岁。据《新京报》报道, 1月22日晚焦连伟突然发病去世。亲属及同事认为, 这或许与他长期的超负荷工作、心理和生活压力过大有关。

高文焕, 男, 清华大学工程物理系教授, 终年46岁。1月26日中午, 高文焕因肺腺癌不治去世。医生诊断认为, 繁重的工作压力使他错过了最佳治疗时机。

心理健康状况

有资料显示, 目前我国正常人群心理障碍的比例在20%左右。然而, 据国家中小学生心理健康教育课题组前不久对辽宁省内168所城乡中小学的2292名教师进行的检测, 结果表明中小学教师心理障碍发生率竟高达50%。

上海市小学教师心理健康问题的一项调查显示, 教师心理疾患检出率为48%, 与

[1] http://sq.k12.com.cn/discuz/thread-77405-1-1.html

一般群体的"常模"相比,有23.4%的小学教师超出"常模"2个标准差。

广州市天河区在最近举行的一次心理保健讲座上,用心理健康测试量表(SCL-90)对在场教师进行测试,结果显示:近半数教师的心理健康受到不同程度的影响。调查还显示:31.51%的教师有轻度心理障碍,12.37%的教师有中度心理障碍,21%的教师已构成心理疾病,69%的教师感到压力大,嫉妒情绪、焦虑情绪的出现也比较高。调查发现,教师的心理问题症状主要表现为抑郁、精神不振、焦虑、过分担心、有说不出原因的不安感、无法入睡等症状。

杭州市教科所去年上半年对市区30所学校的近2000名教师进行的心理健康状况调查表明,有13%的教师存在心理问题,76%的教师感到职业压力很大。其中男教师的压力大于女教师,毕业班教师和班主任的压力大于非毕业班和非班主任教师。

北京市对500余名中小学教师的调查更显示,近60%的教师觉得在工作中烦恼多于欢乐,70%的教师有时忍不住要生气发火。教师中较普遍地存在着烦躁、忧郁等不良情绪。

高校教师的心理健康状况也不甚乐观,近年来,高校教师罹患各种癌症的比率逐年上升,另外高校教师的自杀率也在逐年上升。

【扩展阅读】

教师心理健康失衡的案例报道

报道一 2001年5月7日,江苏省盐城市区发生了一起令人扼腕痛惜的事情,一位三十多岁的男教师因解答不出学生的提问,竟然自杀身亡。家人告诉医生,该男子是一名教师,近几天因住宅周边建筑噪音太大,休息不好,头昏脑胀,心绪不宁。事发当日,他因未能解答出学生的提问,自感无脸见人,不住地自言自语说:"我还有什么用?"未曾料到他一时想不开,一气之下竟然自缢。这位教师就是在环境压力和职业压力的冲击下,因为缺乏健全的心理素质,导致了悲剧的发生。

——资料来源:2001年5月9日 《扬子晚报》

报道二　2002年5月，性格孤僻的甘肃某教师携枪来到他向往已久的首都准备完成自杀之旅，幸好刚到北京西客站就被民警发现。原来这位有着17年教龄的教师，由于性格孤僻，觉得自己和社会格格不入。

——资料来源：2002年5月14日　人民网－京华时报

报道三　2002年6月，云南昆明寻甸县的一名小学教师因受到校领导的不点名批评，气愤难平，为泄私愤，竟然放火焚烧校舍，造成8名住校学生被烧死、4间教室和7间宿舍被烧毁的犯罪事实。

——资料来源：http://www.zjjy.com

报道四　2004年3月18日，河北省曲周县东高固小学的语文老师刘利娜为了惩罚学生上课说话，竟然用小刀在全班41名学生的手心上划下重重的伤痕。

——资料来源：2004年4月10日　《信息时报》

近年来，教师因心理问题导致各种极端行为的事件频频见诸报端，大量调查结果也表明教师的心理健康状况不容乐观。教师作为学校心理健康教育的主力军和推动者，其心理健康状况将直接影响其教育职能的实现、教育价值的体现，关系到学校心理健康教育的成败，关系到下一代的健康成长。因此，教师心理健康问题当引起教育部门乃至整个社会的广泛关注。

教师身心修炼的意义　／

教师的身心健康对学生有着重要的影响，尤其是教师的心理健康，将对学生产生深远的影响。教育部1999年第13号文件中提到："搞好师资队伍的建设，提高广大教师的心理健康水平，是保障心理健康教育正常、健康开展的重要条件。"这既是理性思考的结果，也是对以往经验的总结。教师不仅面临着社会快速发展带来的压力，还要面对教师这一职业本身的压力。教师的教育对象是人，尤其是中小学教师，他们的教育对象是未成年人。教师不仅要承担着教书育人的重任，在学校还扮演着学生的"监护人"、"心理健康咨询员"等角色。教师所扮演的角色也显示出教师的心理健康更为重要。

影响教师身心健康的因素

近年来，人们越来越认识到知识的重要性，家长对孩子的期望值也普遍提高。随着课程改革、教材改革、教育体制改革的逐步开展，提高教师素质也被提上了日程。然而，由于教师教学任务重，升学压力大，竞聘激烈，工作超负荷等因素导致目前中小学教师不同程度地存在身心健康问题。认识、分析、研究中小学教师不健康的现实困境也就成了迫在眉睫的任务。这里主要介绍教师身心健康的四大症状和教师身心健康问题的不良表现，认真分析影响教师身心健康的因素。

教师身心问题的四大症状

俞国良教授曾经在浙江萧山对教师的身心健康问题进行过五年时间的实证调查和研究，并多次发表文章论述教师身心健康问题。在研究中，他总结出了教师心理问题的四大症状：

生理、心理症状

表现为抑郁，精神不振，对学生漠然、焦虑，对外界担心和过分忧虑，有说不出原因的不安感，无法入睡等；一些人表现为不关心身边的事情，但是对以后可能发生的事却忍不住担忧。在抑郁和焦虑的心态中，常常还会出现身体症状，如失眠、无食欲、咽喉肿痛、腰部疼痛、恶心、心跳过速、呼吸困难、头疼、眩晕等。

人际关系症状

教师心理不健康会直接影响其人际关系。教师既是学生的老师，也是一家之长，要做家庭主要事物的承担者和社会的模范公民。但很多教师缺乏进行自我心理调节的时间，一旦心理出现问题，极容易在人际关系中表现出不适应。如有些教师在与他人交往中沉溺于倾诉自己的不满，没有耐心听取他人的劝告或建议，拒绝从另一个角度看问题；有的教师则表现出攻击性行为，比如冲家人发脾气、体罚学生等。

职业行为症状

教师心理不健康，受害最大的是学生。这种症状在职业上主要表现为：逐渐对学生失去爱心和耐心，并开始疏远学生，备课不认真甚至不备课，教学中缺乏新意，讲课乏味；对教学中出现的问题小题大做，出现过激反应，处理方法简单粗暴，甚至体罚、打骂学生；有的教师则缺乏责任感，对学生中出现的问题置之不理，听之任之。

教师的职业倦怠

这是教师中出现最多的问题，教师在教书生涯中面对的常常是同样年龄的孩子，做着带有一定重复性的工作，如何克服自己的倦怠，保持对学生的热情和爱心，对每一位教师都是一种考验和挑战。

教师身心健康问题的不良表现

【案例引导】

正视现状，警惕恶性循环

魏某刚分到某中学当老师，立即被分派到一个"恶名昭彰"、"恶质学生"最多的班级担任班主任。她心理非常不平衡，觉得教务组的同志怎么可以这样欺负一个新来的老师，把大家都不想教的班级硬生生地派给她，而且事前完全没有和她商量过；另一方面，她也着实担心自己没有能力应付那群可怕的学生，接下来的日子可能会被他们整垮。魏老师虽然有满腹的怨恨和恐惧，却没有能力改变任何既定的事实，加上其他同事都只求自保，根本不可能帮助她，跟她交换班级，于是愈想心情愈差，忧郁的情绪不断加深……

案例分析：

如果魏老师长期处于这种情绪低落、心境不佳的状态之中，久而久之，不能控制自己的不良情绪，她与学生之间的关系反而会越来越糟，还极有可能影响跟同事之间的关系，造成人际关系的恶化。这种恶化反过来又刺激不良情绪的滋生和蔓延，形成恶性循环，使得她长期处于更加忧郁的状态中。

教师身心健康问题的出现，既有与其他职业群体的共同之处，也有教师职业的特殊性。一般来说，教师的心理问题及表现主要有如下几个方面：

社会适应不良

适应是个人与环境之间的互动关系。教师本来是相对稳定的职业，但是由于教师地位不高，待遇较低，工作辛苦，特别是受商品经济大潮的冲击，社会价值观念的变化及生活态度的改变都会对教师内心造成很大的冲击，很容易造成内心冲突。加上现行许多政策不稳定，更加剧了教师的不适应程度。主要表现在：

理想与现实之间的差距

教师职业是崇高而神圣的，而且教师也满腔热情地投入其中，但是现实总是令人不满意的。比如，青年教师走上工作岗位不久，往往对自己的工作和自己面前的学生充满理想主义色彩，可是一旦工作不如意或学生不听话，就会出现心理失衡；中老年教师肩挑重担，工作相当辛苦，希望得到领导的信任与支持，一旦不称心如意，就会出现心理失衡。

外界对教育的影响和冲击很大

比如，家长对子女期望值过高，对教师要求相对提高，同行中的竞争愈演愈烈，在个人生活方面，如爱情、家庭关系、经济状况等也常常会产生压力，处理不当便会导致身心俱疲的情况发生，从而引发教师的身心健康问题。

不能正确对待教师职业问题

有的教师不能正确对待教师这个职业，自身存在不正确的职业问题，教师存在的职业问题一般分为：

怨职型

此类教师把教师职业作为不得已而为之的事，终日怨天尤人。在具体教学过程中抱怨学生基础差、班级人数多、待遇低、压力大等。对教学不能全力投入，且斤斤计较，工作马虎。

自我型

此类教师以自我为中心，自私自利，好自夸与自己相关的人或事，目中无人，虚荣心强，勾心斗角。

异常型

此类教师由于长期以自我为中心，久而久之会导致情绪极端不稳定、心理异常，表现为独来独往，不能控制自己的喜怒哀乐，性格反复无常，管教方式不一，令学生无所适从。

暴戾型

此类教师很难相处，稍不如意就争吵、责骂，甚至破坏公物并对学生施以体罚，傲慢至极，唯我独尊，盛气凌人。

不良型

此类教师的生活方式和行为不检点。挑拨是非，恶意中伤，在学生中行为放荡、粗俗，有损教师形象。

还有的教师由于工作任务过于繁重，工作量过大，会在体力和精神上感到不堪重压。过快的生活节奏，或者遇到难以调教的学生，也会产生心理问题。有的教师会失去自我控制，出现违反教育原则的行为。

人际关系紧张

人际交往是良好人际关系的基础。良好的人际关系是个体保持健康和生活具有幸福感的重要条件之一。然而有的教师在交往中常出现一些问题，显得人际关系紧张，影响工作和生活。有的调查发现，教师在校内除工作关系外，经常与他人交往的只有16.99%，在校外经常与他人交往的只有11.49%。

教师人际交往紧张主要表现为：缺乏必要的交往技能和手段，不善于处理复杂的人际关系，不能与学生、同事及领导发生冲突，久而久之形成孤独、无助、郁闷、焦虑、自卑等不良心态。某些不良的个性特征也阻碍正常的交往，如自负、自闭、自我评价过高、过于争强好胜、心胸狭窄、怀疑心重等。比如，有的教师与领导的关系紧张，有的教师与同事的关系紧张。其客观原因可能是由于领导用人不当，管理不力或由于同事之间性格不合。长期处于这种不良人际关系中的教师，往往会产生对立、消沉等不良情绪，并引发自卑、妒忌、埋怨、畏怯等心理。

心理失衡、情绪不稳定

由于种种客观原因，一些教师在工作、学习或生活中不能处理好理想与现实的矛盾，遇到挫折易产生强烈的心理失衡，并诱发不良情绪，乃至形成灰暗情绪，如嫉妒、自卑、妄想、愤懑、抑郁等情绪和攻击性行为等。有的还出现思维不灵活、反应迟钝、记忆力衰退等心理机能的失调。一些教师也常常处于情绪低落、心境不佳的状态，不能调节和控制自己的不良情绪，甚至恣意发泄、借题发挥，造成人际关系恶化。这种恶化反过来又刺激不良情绪的滋生和蔓延，以致形成恶性循环，使他们长期处于紧张、焦虑和忧郁状态。一些教师把自己遇到的一切困难都归咎于命运的不公和别人的错误，把社会和外界对自己不利的条件都看作是不应该的，而对自己的缺点却无所察觉，也不改正。

【心理自测】

情绪测试

请你做一次情绪健康测验，每个问题有三种答案供你选择，选择一个与你实际情况最相近的答案。你不必冥思苦想，凭自己的第一印象选择即可。下面，请准备好纸和笔。

(1) 看到你最近一次拍摄的照片有何想法？

A.不称心　　　　　　B.很好　　　　　　C.可以

(2) 你是否想到若干年后有什么能使自己极不安的事。

A.常有　　　　　　B.没有　　　　　　C.偶尔

(3) 你被朋友、同事起过绰号、挖苦过吗？

A.常有　　　　　　B.没有　　　　　　C.偶尔

(4) 你上床以后，是否经常再起来一次，看看门窗是否关好，炉子是否封好，以及诸如此类的事情？

A.常有　　　　　　B.没有　　　　　　C.偶尔

(5) 你是否满意与你关系最密切的人？

A.不满意　　　　　　B.非常不满意　　　　　　C.还算满意

(6) 你在半夜的时候，经常觉得有什么值得害怕吗？

A.常有　　　　　　B.没有　　　　　　C.偶尔

(7) 你梦见过什么可怕的事而被惊醒吗？

A.常有发生　　　　　　B.没有　　　　　　C.极少

(8) 有没有一个梦，你曾经做了许多次？

A.有　　　　　　B.没有　　　　　　C.记不清

(9) 有没有一种食物, 你吃后会呕吐?

A.有　　　　　　　　B.没有　　　　　　　C.不清楚

(10) 除去看见的世界外, 你心里有没有另外一种世界呢?

A.有　　　　　　　　B.没有　　　　　　　C.不清楚

(11) 你心里面是否常觉得你不是现在的父母所生的呢?

A.时常　　　　　　　B.没有　　　　　　　C.偶尔

(12) 你曾经是否觉得一个人爱你或尊重你?

A.是的　　　　　　　B.不曾　　　　　　　C.说不清

(13) 你是否常常觉得你的家庭对你不好, 但是你又觉知他们的确对你好呢?

A.是的　　　　　　　B.不是　　　　　　　C.偶尔

(14) 你觉得有没有人十分了解你?

A.是的　　　　　　　B.不是　　　　　　　C.讲不清楚

(15) 你在早晨起来的时候, 经常出现的感觉是什么?

A.忧郁　　　　　　　B.快乐　　　　　　　C.讲不清楚

(16) 每到秋天, 你经常的感觉是什么?

A.秋雨霏霏或枯叶遍地　　B.秋高气爽或艳阳天　　C.不清楚

(17) 你在高处的时候, 觉得站不稳当吗?

A.是的　　　　　　　B.不是　　　　　　　C.有时

(18) 你平常觉得自己强健吗?

A.不　　　　　　　　B.是的　　　　　　　C.说不准

(19) 你一回家就立刻把门关上吗?

A.是的　　　　B.不是　　　　C.不清楚

(20) 你坐在小房间里把门关上后, 觉得心里不安吗?

A.是的　　　　B.不是　　　　C.偶尔

(21) 你在决定一件事的时候, 觉得很难决定吗?

A.是的　　　　B.不是　　　　C.偶尔

(22) 你常常用抛硬币、抽签这类游戏测吉凶吗?

A.常常　　　　　B.没有　　　　　C.偶尔

(23) 你常常因为碰到东西而跌倒吗?

A.常常　　　　　B.没有　　　　　C.偶尔

(24) 你是否要一个多小时才能入睡,或醒得比你希望的早一个小时?

A.经常　　　　　B.从不　　　　　C.偶尔

(25) 你是否看到、听到或感觉到别人觉察不到的东西?

A.经常　　　　　B.从不　　　　　C.偶尔

(26) 你是否觉得你自己有超越常人的能力?

A.是的　　　　　B.没有　　　　　C.在某些地方

(27) 你曾经觉得有人跟你走,因而心里不安吗?

A.是的　　　　　B.没有　　　　　C.不清楚

(28) 你是否觉得有人在注意你的言行?

A.是的　　　　　B.没有　　　　　C.不清楚

(29) 当你一个人走夜路时,你觉得前面潜藏着危险吗?

A.是的　　　　　B.没有　　　　　C.偶尔

(30) 你对别人自杀的想法是什么?

A.可以体验到　　B.不可思议　　　C.不清楚

结果分析:A为2分,B为0分,C为1分。得分越少,那么你的情绪越佳,情绪越健康,反之越差。具体为:

1.得分少于20分表明你的情绪饱满,自信心强;你有较强的社会适应能力,能理解周围人的心情,顾全大局;你一定是个性情爽朗受人欢迎的人。

2.得分在于20—40分之间,表明你的情绪稳定,但较为低沉,对事物的考虑过于冷静,处事淡漠消极,错失发挥自己个性的良机,你的自信心受到压抑,干事热情忽高忽低,瞻前顾后,踌躇不前。

3.得分在40分以上,表明你的情绪极不稳定,日常生活烦恼太多,以致使自己心情处于紧张和矛盾中。

如果得分在50分以上,则是一种危险信号,需要寻求心理咨询医生的帮助。

生理健康受损

当教师面对压力事件或情境时,神经系统与腺体会进行一系列活动来对抗或逃避,如呼吸加快、血压上升、胃的蠕动减少、甲状腺激素和肾上腺激素增多等,身体各器官进入"备战状态"以适应各种压力,如果压力过多或持续过久而个体难以承受,则容易导致身心耗竭,产生疾病或加速老化。

我们的许多教师,尤其是学校的骨干教师,他们是学校的顶梁柱,在学校往往独当一面,承担繁重的教学、管理任务,是教育工作的骨干。同时,因中年教师上有老人,下有孩子,经济不宽裕,生活较清苦,常为一家老小的衣食问题操心,又是家庭的支柱。特别是青年女教师,她们在学校当"妈妈",回家又要当"媳妇",精神及体力的负担都很重。还有中老年教师,因长期埋头工作、不注意劳逸结合、忽视自身保健,久而久之积劳成疾,患有各种慢性疾病后担心自己不能从事教育工作,担心对子女的抚养和全家生活的安排,从而产生严重的精神负担,导致心理病态和身心疾病。

【心理案例】

读了下面短文你有何感想?

某小学五年级班主任祝老师是一位有着13年教育工作经历的教师。近来,她越来越感到工作强度大、压力大。她在接受记者采访时,倾诉了她的五大苦恼:

第一,目前小学教学中提倡素质教育、个性教育,可最终决定学生命运的还是分数,而衡量教师业绩最重要的标准也还是学生的学习成绩。

第二,对班主任而言,难度最大的还是学生的思想教育工作,现在大多数学生是独生子女,个性较强,有时比较"任性",而家长又溺爱有加,干预、干扰教育教学的现象越来越多,有些家长对孩子的个性保护已超出了范围,甚至纵容孩子的错误。

第三,社会环境的影响。现在的社会环境给学生身心的健康成长造成极大的影响。国家明文规定不允许未成年人进入网吧、游戏厅,可事实上网吧里大多数都是在校或辍学的孩子。

第四，因国情所限，一个班的学生人数太多。现在她所在学校每班都达到70多名学生，教师批改学生的作业量大，辅导量大，教育学生工作量大。

第五，为做好学生工作，家访是必需的。以72名学生为例，每学期得走访36人，平均每周2人，每人最低2小时。这样，一周就要花去4小时。

祝老师说，现在小学教师的工作压力越来越大。

影响教师身心健康的因素 /

心理学家认为，人们所经受的心理挫折以及缺乏正确的心理调节，是产生心理问题的直接原因。对教师而言，教学任务重、升学压力大、工作超负荷等因素，均可使他们精神负担加重，身心疾病增加。再者，心理问题就如同常见病"感冒"一样，几乎人人都会遇到，教师也不例外，他们也有自己的喜怒哀乐和现实问题，如果工作和生活中的各种问题长期得不到解决，由此而产生的不良情绪长期得不到释放，日积月累，恶劣情绪最终会以"零存整取"的形式突破心理承受的极限而爆发。另外，目前家长普遍对孩子的期望值过高，相应对教师的期望值也很高，加之教育体制改革、竞争日趋激烈，若是自身的水平及能力与应达到的标准还有相当距离的话，有些教师产生自卑心理和焦虑情绪也就在所难免。所以，影响教师身心健康的因素是：

教师职业本身的特点

"学高为师，身正为范"，教师职业本身有其特殊性，教师劳动的对象是一群有着不同经历，不同兴趣、爱好，不同禀赋、能力，不同气质、性格，不同意志、情感，不同思想、行为的活生生的人，他们正处在成长发展的阶段，具有很强的模仿性、好奇性，又有一定逆反心理。这些，使得教师的劳动具有很大的复杂性，要求教师劳动的创造性比一般劳动的创造性更具有灵活性。因此，在一部分教师中很容易产生"教育难搞、学生难教"的紧张心情。正因为教师职业自身的高要求性，无形中增加了教师的身心负荷。

社会对教师的期望过高

随着知识经济时代的到来，人们对教育的期望值越来越高，加上全面推行素质教育之风的蔚然兴起，也要求教师变革原有的传统教育理念和方法。然而，据调查，相当数量的教师患有明显的强迫症，表现出求全求美、墨守成规、思前想后、谨小慎微、苛求自己等症状。原因何在？原来，新的教育理念要求教师要有敢破敢立的胆略，勇于创新，能大胆地搞些创新教研课题，进行教改实验。每个创新的、寻求个性与新路子的人，就如摸着石头过河一般，失败是在所难免的。然而，教师面对的是每一批不同的教育对象，担负着整个家庭、社会的期望，失败之后的代价远不只是涉及教师个人前景的问题，它还包括一批教育对象的问题。因此，教师教学创新在无形中陷入了"只许成功，不许失败"的误区中。这种新旧认知结构的尖锐矛盾及寻求转轨时期的新出路，给教师施加了无形的压力，这也是造成教师身心健康问题的又一大因素。

教师的心理安全感不足，福利待遇缺乏保障

不少农村教师的工资拖欠严重，有的城市学校也有不能全额发放的现象。教师的社会地位、物质待遇"不尽如人意"。教师资格证书制度和新的竞聘制度带来的岗位竞争日益激烈，使不少处于弱势的教师不适应，长期处于难以摆脱的、甚至时时被强化的心理压力之下。

对教育体制改革的不适应

目前，我国的教育体制已进入全面的改革。一方面，实施素质教育对教师素质的要求愈来愈高，而不少教师由于教学技能的欠缺和素质发展的滞后，在不同程度上一时难以适应，因而心理的焦虑、困惑日益增多；另一方面，职称评定、教师聘任、末位淘汰，按成绩取报酬等等，给教师造成了很大的压力。

教师自我心理调控能力不足与缺乏心理问题排解渠道

　　教师在工作和生活中，免不了受到各种挫折和打击。可是，许多教师缺乏心理学知识和自我心理调节能力，心理问题得不到及时排解，不良情绪长期得不到释放，导致恶劣情绪突破身心承受的极限而爆发。

【心理案例】

你脸上还有微笑吗?

　　有人对学生做过这样一项调查：你对老师有什么希望？好多学生说，希望老师多一些微笑。

　　学生为什么期盼老师的微笑呢？这是一个十分耐人寻味、令人深思的问题。的确，常常存在这种情况：初为人师，总是带着微笑走进课堂面对学生。可是，随着时间的推移，不少为人师者渐渐收敛了笑容，刻意地伪装起来，变得严肃了。他们的微笑显得弥足珍贵，对于学生来说简直成了一种奢侈品。

　　遗憾的是，人们无形中习惯于把教师的这种变化视为走向成熟和经验丰富的体现。然而，我们是否认真地想过，这是一种怎样的"成熟"和"经验"呢？我们之所以和微笑告别，可能是因为教师要树立自己的威信，就必须和学生保持一定的距离；学生考试成绩不好、课堂纪律松懈等也是因为老师的微笑多了，甚至，把曾经的微笑看作是幼稚，视为对学生的放任、不负责任，而恪守"严是爱"、"严师出高徒"的古训才是"正道"。于是，他们很自然地在学生面前居高临下，面对学生板起面孔，说一不二。

　　也许，这种"成熟"和"经验"使这些老师们觉得能够很顺利地完成教育教学任务了。然而，他们可曾知道，如此"成熟"和"经验"可能使你得到了一些，可也使你失去了更多啊！

　　因为，教师失去了微笑，也就失去了从事教师职业所能够拥有的幸福和快乐；教师有了微笑，才能有师生之间心灵的沟通和真诚的交流，才能使课堂教学洋溢着生命活力，时时迸发出创新的火花。

把失去已久的微笑找回来吧！

每天保持微笑，让微笑永驻自己的职业生涯吧！

保持微笑，其实体现出一种正确的教育理念。微笑是对学生的关怀和信任，微笑显示出民主和宽容，微笑为学生成长提供了和谐、健康的环境。

保持微笑，也是一种积极的生活态度。微笑所体现的，是乐观，是自信，是热情，是对未来充满着无限的希望，而这些，恰恰是对学生的一种潜移默化的教育。

保持微笑，可以明显提高我们的心理健康水平。微笑使人心胸开阔，使人有年轻的心态，使人充满朝气和活力。微笑如阳光，洒向学生，也滋润着教师自己的心田；微笑似春风，抚慰着学生，也愉悦着教师自身。

学生渴望老师的微笑，学生的健康成长离不开老师的微笑。一名学生作文中的一句话或许能给我们一些启发："假如记忆可以移植，我要移植蒙娜丽莎的微笑给我的班主任老师，让他铁板的脸上露出甜美的微笑。在我犯错误的时候，给我的不是黑着脸的训斥，而是含着一丝笑容、朋友般平等的对话。"

作为教师，应当经常审视和反思：当走进校园的时候，当走进课堂的时候，当面对家长的时候，我们是不是仍然保持着微笑呢？

一天工作结束的时候，我们不妨轻轻地唱一句："你的脸上还有微笑吗？"

人们常说要笑对人生，当你读了上文，在今后工作中遇到不顺心的事或面对巨大的职业压力时，你将怎样对待？

【心理自助园地】

心理身体紧张松弛测试表（PSTRT）

国际压力与紧张控制学会的毕来斯研究开发的压力测试表，简便适用，通过测试，可以了解自己的压力程度。（前表是测试表，后表是分析表。）

依据每项题目中所述情况出现的频率，写出评分：总是—4；经常—3；有时—2；很少—1；从未—0。

心理身体紧张松弛测试表（PSTRT）

依据每项题目中所述情况出现的频率，写出评分：总是—4 经常—3 有时—2 很少—1 从未—0。

题目	评分	题目	评分
1.我受背痛之苦	_____	26.喝酒	_____
2.我的睡眠不定且睡不安稳	_____	27.我很敏感	_____
3.我有头痛	_____	28.我觉得自己像被四分五裂了似的	_____
4.我颚部疼痛	_____	29.我的眼睛又酸又累	_____
5.若须等候，我会不安	_____	30.我的腿或脚抽筋	_____
6.我的后颈感到疼痛	_____	31.我的心跳快速	_____
7.我比多数人更神经紧张	_____	32.我怕结识人	_____
8.我很难入睡	_____	33.我手脚冰冷	_____
9.我的头感到紧或痛	_____	34.我患便秘	_____
10.我的胃有毛病	_____	35.我未经医师指示使用各种药物	_____
11.我对自己没有信心	_____	36.我发现自己很容易哭	_____
12.我常对自己说话	_____	37.我消化不良	_____
13.我忧虑财务问题	_____	38.我咬指甲	_____
14.与人见面时，我会窘怯	_____	39.我耳中有嗡嗡声	_____
15.我怕发生可怕的事	_____	40.我小便频密	_____
16.白天我觉得累	_____	41.我有胃溃疡的毛病	_____
17.下午我感到喉咙痛，但并非由于染上感冒	_____	42.我有皮肤方面的毛病	_____
18.我心情不安，无法静坐	_____	43.我的咽喉很紧	_____
19.我感到非常口干	_____	44.我有十二指肠溃疡的毛病	_____
20.我有心脏毛病	_____	45.我担心我的工作	_____
21.我觉得自己不是很有用	_____	46.我口腔溃烂	_____
22.我吸烟	_____	47.我为琐事忧虑	_____
23.我肚子不舒服	_____	48.我呼吸浅促	_____
24.我觉得不快乐	_____	49.我觉得脸部紧迫	_____
25.我流汗	_____	50.我发现很难做决定	_____
		你的总分是：	

PSTRT压力程度分析表

分　数	分析
98 (93或以上)	这个分数表示你确实正以极度的压力反应在伤害你自己的健康。你需要专业心理治疗师给予一些忠告，他可以帮助你减轻你对于压力源的知觉，并帮助你改良生活的质量。
87 (82~92)	这个分数表示你正经历太多的压力，它正在损害你的健康，并令你的人际关系发生问题。你的行为会伤害自己，也可能会影响他人。因此，对你来说，学习如何减除自己的压力反应是非常重要的，你可能必须花许多时间做练习，学习控制压力，也可以寻求专家的帮助。
76 (71~81)	这个分数显示你的压力程度中等，可能正开始对健康不利。你可以仔细反省自己对压力源如何做出反应，并学习在压力出现时，控制自己的肌肉紧张，以消除生理激活反应，好老师会对你有帮助，要不然就选用适合的肌肉松弛音乐。
65 (60~70)	这个分数指出你生活中的兴奋与压力量也许是相当适中的。偶尔会有一段时间压力太多，但你也许有能力去享受压力，并且很快地回到平静的状态，因此对你的健康并不会造成威胁，做一些松弛的练习仍是有益的。
54 (49~59)	这个分数表示你能够控制你自己的压力反应，你是一个相当放松的人。也许你对于所遇到的各种压力源，并没有将它们解释为威胁，所以你很容易与人相处，可以毫不惧怕地担任工作，也没有失去自信。
43 (38~48)	这个分数表示你很不易被遭遇的压力事件所动，甚至是不当一回事，好像并没有发生过一样。这对你的健康不会有什么负面的影响，但你的生活缺乏适度的兴奋，因此趣味也就有限。
32 (27~37)	这个分数表示你的生活可能是相当沉闷的，即使刺激或有趣的事件发生了，你也很少做反应。可能你必须参与更多的社会活动或娱乐活动，以增加你的压力激活反应。
21 (16~26)	如果你的分数只落在这个范围内，也许意味着你在生活中所经历的压力经验不够，或是你并没有正确地分析自己。你最好更主动些，在工作、社交、娱乐等活动上多寻求刺激。做松弛练习对你没有什么用，但找一些辅导也许会有帮助。

世界卫生组织指出：健康的四大基石是合理膳食、适量运动、戒烟限酒、心理平衡。这恰恰是对不生病的生活方式的最佳注解。其实，不生病的生活方式就是注重每一个生活细节：吃、喝、住、行都要适度；做人行事不强求、不徒劳；顺时顺势、淡泊宁静……

——《中华大字版　生活经典：不生病的生活方式》

/ 教师的生活方式与身心修炼

从一定程度上说,生活是绵延不断的时间。

中小学教师的时间,他们的生活,是怎样度过的? 也就是说,他们是在以一种什么方式生活?

生活与职业之间既有着明显的区别,也是相互影响的。在教育活动之外,教师虽然作为一般的公民生活着,但是,他的生活方式却与一般公民的或者其他职业者的生活方式存在一些必然的差异。这些差异源于教师的工作特征。教师的工作给他的生存境遇和生活方式重重地抹上了特定的色彩。

教师生存境遇的最明显特征是任务多、压力大。在很多地方,小学教师六点半就到了学校,开始了繁忙的一天。下午四点多放学后还要照顾那些托管的孩子,直到他们的家长下班将孩子接走。中学教师深受升学压力之苦更是无需言说了。90%以上的中小学教师每周要上15—20节课。中小学教师似乎每天都在重复着"备课——上课——批改作业"的工作轮回,在"家庭——学校"之间过着封闭单调的生活。难度日益增大的职称评定更是让许多大学教师患上了"祥林嫂式"的疾病,日思夜想,逢人便诉。做教师的没有什么八小时之内、之外的区别,他们的工作几乎弥散在整个生活之中。社会对教师角色的期望也很高,从古至今,人们对教师的要求更为严格,视教师为道德规范的化身,是人类的楷模,教师天生就应该像圣人那样无私奉献，像苦行僧那样安贫乐道。教师面临着社会、学校、家长、学生以及自身生存发展的各种压力。

据国外心理学家的研究，如果把当代人的工作紧张程度划分为10级，那么教师是6.2级。而比教师工作更为紧张的职业中，大多数收入较教师高得多。长期的强大压力危害着教师的身心健康。近年，针对辽宁省内168所城乡中小学的2292名教师的一次心理检测发现，有69%的教师自卑心态严重，相当一部分教师嫉妒、焦虑情绪明显。总体结果表明，中小学教师心理障碍发生率竟高达50%。

在教师的职业境遇并不理想的情况下，探讨教师的生活方式应该具有重要意义。但是，其中也存在一些观念误区。首先是工作中心取向，以教师的工作角色掩盖其他生活角色。教师作为社会一员也是集各种角色于一身的。虽然教师职业活动是他的主要生活内容之一，但是，他必须根据其他角色调节并丰富自己的生活方式，使生活方式与角色特征相协调。现在，许多人倡导把读书、做校本科研等"业务活动"作为教师的一种生活方式，这是值得斟酌的。这实际上是把生活变成了工作的补充和延续，这种"生活态度"很容易走向工作狂，离开了工作，他就不知道如何生活，他只有以工作来打发时光、安慰空洞的心灵、驱走深沉的不安全感。其次是功利主义的时间观念。我国文化特别强调对时间的有效利用，"勤有功，戏无益"，这与"工作中心"是一脉相承的。读书、钓鱼、散步、旅游、打球、下棋、健身等等之所以是好的生活方式，是因为它们使你获得了见识、进入了大自然、锻炼了身体、进行了思维训练等。中国的儒家文化讲究"入世建功"，对于那种嬉戏、闲暇、睡觉、沉思和无目标、无用处的游荡活动，则以为是不好的生活方式。但是，从生命体验的角度来考虑，没有带来幸福体验，没有被最大限度地享受的时间，是被浪费的时间。功利的生活方式当然是必要的，但是，我们不能因此而忽视、鄙视无功利的生活方式。对于承受各种身心压力、遭受多种健康困境的教师而言，后者的生活方式更为要紧，更具有生命的价值。

教师生活方式的内容没有统一的格式，性别不同、任教学科不同、年龄不同、婚姻状况不同，其生活方式都会存在差异。要给出一个标准内容的生活方式几乎是不可能的，也许我们唯一能够做的只是，提倡一种健康的生活方式，在享受自身生命体验的同时，不对他人与工作造成伤害，或者能够使他人与工作从中受益。

/ 生活方式与身心健康 /

健康对每一个人来说都是非常重要的。随着人们物质文化生活水平的提高，人们的健康意识日益加强，国民健康水平普遍提高。不容忽视的是，与人类行为或生活方式密切相关疾病成为对人类健康的主要威胁。资料显示，目前死亡原因中，不良生活方式位居首位，占44.7%，环境因素占27.8%，卫生状况占9.2%。而在疾病的发病原因中，有80%与不良的生活方式和行为有关。

生活方式的概念 /

生活方式，简而言之就是怎样生活，是指人们长期受一定的民族经济、文化、规范、社会习惯以及家庭影响所形成的一系列生活习惯和生活制度的总和。

健康的生命首先取决于自己。世界卫生组织（WHO）曾向世界宣布，个人的健康和寿命60%取决于自己，15%取决于遗传，10%取决于社会因素，8%取决于医疗条件，7%取决于气候影响；而在取决于个人的因素中，生活方式是主要因素。良好的生活方式可以促进人体的健康，反之，则会危害人体的健康。

【健康小贴士】

十种健康的生活方式让您永葆年轻

1.合理饮食，营养均衡；

2.适量运动，保持身体活力；

3. 使用牙线, 清洁牙齿;

4. 减少压力, 轻松身心;

5. 坚持微笑, 解除焦虑;

6. 经常喝水, 增加水分;

7. 沐浴阳光, 补充维D;

8. 充足睡眠, 恢复体力;

9. 勤于洗手, 清除细菌;

10. 亲朋集会, 保持健康关系。

生活方式与健康的关系

生活方式、行为习惯与健康的关系已经被大量事实所证实, 影响健康的生活方式也是多种多样。

生活方式与人均预期寿命

美国加利福尼亚州公共卫生局人口实验室的科研人员对加州某地区的近7000人为期5年半的研究, 发现七项与人们期望的寿命和良好健康显著相关的简单而基本的行为习惯。

它们是:

(1) 每日正常而规律的三餐, 不吃或少吃零食;

(2) 减少夜生活, 每天吃早餐;

(3) 适当的睡眠 (每晚7—8小时) ;

(4) 保持适当的体重;

(5) 积极而有规律地锻炼身体;

(6) 不吸烟;

(7) 适度饮酒或不饮酒；

经过5年半的观察，发现遵守上述中6—7项健康行为的人群比只遵守0—3项的人群预期寿命有明显的延长。

我国学者对百位90岁以上的长寿老人进行长期追踪观察。这100名老人平均年龄为95.3岁，其中11人超过100岁。他们的经验是在上述7项健康行为外，还有2项补充，一是性格开朗，知足常乐，乐于助人，有自己的个人爱好；二是有美满的家庭生活，其中包括和谐的性生活。

生活方式与死亡

拉兰德研究了加拿大的与年龄有关的死亡数字，得出了一系列与生活方式有关的结论。

第一，从5岁到35岁，死亡的主要原因是机动车事故，其次是其他事故，再次是自杀。在这个年龄组，64%的死亡都是由于这三种原因。这些死亡原因都是产生于生活方式，如不小心、不规则的驾驶，自我寻找冒险，或是产生于不良情绪如抑郁和绝望。因此如果要降低死亡率就有必要改变这些因素。

第二，到了35岁，心血管疾病成了非常重要的死亡原因。到了40岁这种疾病成为第一位的死亡原因，并且在40岁以上的各年龄组始终保持着第一位的位置。在35岁到70岁的年龄组中心血管系统的疾病占所有死亡人数的44%。虽然心血管疾病的发生有许多原因，但无可置疑，肥胖、吸烟、应激、缺乏锻炼以及高脂肪饮食，对产生这种疾病有着重要的影响。而所有这些行为都是个体主动选择的。

第三，到了50岁，男性中第二位常见的死亡原因是喉癌、支气管癌或肺癌。支气管炎、肺气肿造成了10%的死亡人数，吸烟是引起这些疾病的重要因素。而这种行为又是个体自己选择的。

美国的研究者也报告说，造成疾病最重要的原因以及一般的死亡原因，都与个

体的生活方式有关。目前发现的行为上的危险因素有：吸烟、过量饮酒、吸毒、不良饮食习惯、不遵守交通规则的驾驶以及对社会压力的不适当反应。

影响生活方式的因素

人是生活在社会生活当中的，因而必定要受到社会因素的影响。社会因素是指当时社会的政治、经济状况，生活和学习环境，文化教育、卫生保健、家庭结构和家庭生活质量，父母的受教育程度及职业、亲子情感联系、个人与社会成员的交往等。上述因素交织在一起，构成复杂的关系，共同对生活方式的形成和发展起作用。

社会关系

社会关系是影响生活方式的因素之一。有研究表明，家庭、朋友以及同事都会影响到与健康有关的行为，这些影响的结果，有的对形成健康的生活方式有利的，有的则是相反作用。例如，你的同事如果有人因为学习、工作以及生活压力导致吸烟行为，这种行为又会影响你甚至你的家人去尝试这种行为，但他们也可能会帮助你戒除这种行为。

社会经济情况

主要指一个国家的社会经济发展水平。经济发展水平及人们的富裕程度可以影响个体的生活方式，从而导致不同的疾病谱和死因构成，如肺心病、风心病与贫穷有关；而高血压、脑猝死和冠心病则与富裕有关。

经济因素主要通过政府对妇幼保健事业的投入、教育和福利设施、食物营养的供给等途径影响人群的生活方式。经济发达国家生产力水平高，科学技术先进，生活物资丰富，卫生经费投入比例较大，居民收入和生活质量亦高。同时人均文化水平的高低将影响他们接受卫生保健知识的能力，所以对教育的投入也会间接影响人群的健康行为。

美国人的9种生活方式[1]

美国斯坦福大学国际咨询研究所的社会学家阿诺德·米歇尔，通过大量的资料，将当代美国人形形色色的生活方式归纳为9种，即：1.苟活者型；2.维持者型；3.附属者型；4.竞争者型；5.成就者型；6.自我型；7.经验者型；8.社会意识型；9.整合型。以上9种生活方式若按群体类型划分，则可分成4大类：需要驱动型(1.2)；外向型(3.4.5)；内向型(6.7.8)；内外向联合型(9)。

下面，简略描述美国人的这9种生活方式。

苟活者型 美国有600万苟活者，他们带有极端贫困的特点，倾向于绝望、压抑、退缩、怀疑。他们对自己的处境不满，并反对保守主义。绝大部分人教育水平低下，多病和衰老。在所有美国人中，他们认为环境变化得最快。

维持者型 美国有1100万维持者，这些人具有愤怒、怀疑和反叛的倾向，被认为是不考虑事情后果而好斗的人们。他们不像苟活者那样已经丧失了希望，而是仍力图在经济上取得进展。但其中相当一部分人为贫困所迫，经常参与地下经济活动，如走私贩毒。

附属者型 这是各种生活方式类型中最大的部分，大约有6000万人。美国的附属者一般被看作中等阶层，是传统的、一致的、保守的、有道德的、非经验的和家庭导向的、爱国的——最古老样式的价值观与生活方式群体。他们的主要驱动力是适应，而不是表现。

竞争者型 这些人有强烈的进取心、抱负、竞争力和浮夸作风，他们努力工作，并取得了相应的成功，比附属者有着更多的欲望和要求。大约有1300万美国人属于此类，这是一个由已经充满自我信心的附属者向成就者生活方式群体转换过程中的过渡性群体。

成就者型 大约有3500万美国人，在外向群体中处于登峰造极的地位。他们建立起

[1] http://tieba.baidu.com/f?kz=375671712

这个"系统"，而且现在依然掌握着该系统的航向，这是一个已经建立具体的生活方式的群体，他们具有天赋，努力工作，自我依赖，事业上成功和生活幸福。成就者型的人比较坚定地倾向于保守主义，在政治和社会方面反对急剧的变革。

自我型　这是美国最年轻的价值观和生活方式群体（该类型人平均年龄21岁）。这些年轻的美国人（600万人）是在汹涌澎湃的变动中由外向型群体转化而来的。他们发展成为具有内部导向、参与、发现并创造新利益、制定新的目标的自我型的人。愿贡献、有进取心、严肃、好出风头、自我超越和自我陶醉、富有革新精神，是这种青年的鲜明特征。

经验者型　从总体上说，他们比自我型群体中的人年龄要大，因而离抚育他们长大的外向生活方式群体更远。他们通过个人对问题和思想的深刻思考或是通过享乐主义和实验，来寻求直接的生动体验。其数目约1100万。这些人受过良好的教育，大多从事高报酬的技术和专业工作，但是与成就者型不同，他们讲究政治上的自由，对组织的领导者缺乏信心。

社会意识型　约有1500万人，他们关心社会问题，社会趋势和社会事件。他们是成功的、有影响的同时是成熟的——内向和外向成就者的综合体，虽然这是一个变化多端的群体，但他们却有共同的信念，认为人类与自然和其他生物应该、而且能够和谐共存，生活的非物质方面要比物质方面更为重要。

整合型　并不是很多人都会对生活获得一个真正整合的信念——这个类型大概只有300万美国人。他们具有外向的决断性和内向的渗透性两种双重特性。

社会结构

社会结构是指构成社会各种要素及其分布情况，如社会阶层、城乡、婚姻等。不同社会阶层的人群由于经济条件和文化程度不同，会产生不同的消费观念和不同的行为习惯、生活方式。故同一阶层的人在患病类型上有其共同点，不同阶层的患病类型及其严重程度有差别。例如，教师属于知识分子阶层，他们多晚睡晚起或者晚睡早起，由于脑力劳动和缺乏体育锻炼，神经症的患病率就比较高。

家庭因素

家庭是以婚姻和血缘关系组成的社会基本单位。家庭中的许多问题影响着家庭成员的健康行为，其中家庭结构、家庭经济状况、家庭成员间关系正常与否是重要的影响因素。家庭结构、功能和关系处于完好状态有利于促进家庭成员的健康生活方式的养成。

家庭结构是否健全很重要，离婚、丧偶是家庭结构的严重破坏因素。离婚不仅影响离婚夫妻双方的健康水平，并且严重影响子女的健康行为。父母离异，或家庭关系濒临破裂，或重组家庭，往往造成亲子感情淡漠，家庭中缺乏和谐、温馨，容易造成孩子心灵上的创伤，增加孩子心理上的痛苦以及人格缺陷的可能性。

家庭具有生产和消费的功能，家庭的生产功能是历史沿革下来的，与国家的经济发展和实行的经济政策有关。家庭消费功能与家庭经济支持功能有关。家庭经济状况直接影响到为孩子提供的居住环境、膳食营养水平、社交活动和智力投资等。这些都会对孩子的生活方式的形成带来影响。

此外，父母的文化素质与孩子的生活方式也是息息相关的。受过良好教育的人，能较深刻地认识卫生保健的意义，提高自我保健意识，增强与不良生活方式和疾病斗争的能力。美国的一项研究表明，母亲的文化程度对婴儿死亡率的影响大于家庭经济状况的影响，婴儿的死亡率随母亲教育水平的提高而降低。

综上所述，健康行为是健康的核心。因为，只要人们能够培养起健康的生活方式，认真做到世界卫生组织维多利亚宣言提出的健康四大基石："合理膳食、适量运动、戒烟限酒、心理平衡"，许多严重危害人类健康的慢性非传染性疾病的发病率将会大大降低，人们的生活质量和健康水平将会提升到一个相当高的层次。这就要求我们将维护健康落实于日常的生活之中，有意识地建立起科学的生活方式，培养出健康的生活方式和行为习惯。

/ 教师健康的生活方式 /

健康的生活方式是指对个体健康有利的行为习惯的养成、巩固和维持。主要包括运动和锻炼, 合理膳食结构等。教师健康生活方式的养成需要教师根据自身职业的特点进行相应的自主训练。有研究者对北京市某重点中学全校的百余名教师的体质调查显示, 99%的教师忽视健身运动, 近50%的教师有不同类型的疾病缠身。由于缺乏锻炼所导致的肩周炎、颈椎病、下肢静脉曲张、骨质疏松、神经衰弱、高血压、动脉硬化等疾病已成为中小学教师们的常见病。所以, 在教师的保健中, 最重要的就是关注教师的运动和饮食问题。

运动和锻炼 /

有氧锻炼

有氧锻炼是指通过持续性活动身体, 刺激心肺活动, 把氧气输送给全身的体育运动。有氧锻炼对于提高教师的健康水平有重要的意义。有氧锻炼能调节身体各个器官功能, 具体包括:

(1) 提高最大耗氧量;

(2) 降低静态心率;

(3) 可降低部分人的血压;

(4) 提高心脏每搏输出血;

(5) 降低机体耗能;

(6) 增加慢波睡眠, 提高睡眠质量;

(7) 在不改变总胆固醇的情况下, 提高高密度蛋白含量;

(8) 减少心血管疾病的发病率;

(9) 减少肥胖;

(10) 提高寿命；

(11) 调整月经周期；

(12) 减少某些癌症的发病率；

(13) 提高免疫系统的功能；

(14) 减少不良情绪。

健康心理学家对有氧锻炼和教师心理问题的关系进行过相关研究，发现有氧锻炼能改善人们的情绪，即增强积极情绪，降低消极情绪如焦虑、抑郁等。而且有氧锻炼能够调节和加强教师的心肺功能，提高有机体对氧的利用率。而且有氧锻炼都具有高强度、长时间、高耐力的特点，适合这些特点的运动有慢跑、自行车比赛、跳绳和游泳等。其他形式的锻炼如举重等，或者高强度、短时间、低耐力的锻炼如短跑等，这些运动只是锻炼躯体的某一部分，但对于整体健康来说，就不如有氧锻炼。这是因为这些运动形式只是调动了体内短期的能量储存，而不是与耗氧有关的长期能量转换活动。

锻炼时所产生的参与感和友谊感能够加强个体的社会支持网络，提高参与教师应对各种应激的能力。例如和同事一起进行打球、游泳、跑步等运动时，参与者彼此共同培养参与意识，获得参与感。在运动中，增进了彼此的友谊，获得了友谊感，从而达到了锻炼身体和交友的目的，建立了社会支持网络，提高了社会支持水平。

锻炼还能提高人们应对各种应激的能力。有研究者做了一个实验，目的是研究经常锻炼的人是否比那些不经常锻炼的人更能较好地应对应激。结果表明，随着锻炼时间的延长和水平的提高，应激性生活事件对健康的不良影响也随之逐渐下降。因此，锻炼可能是对抗应激不良影响的一种有效手段。锻炼之所以产生这种效果，研究者认为锻炼可以增加脑内内啡肽类物质的分泌，有利于调整心理应激所引起的机体功能紊乱，如免疫、内分泌功能的紊乱等。

锻炼还能提高锻炼者的注意力，并在一定程度上提高工作效率，减少个人医疗花费，从而也具有一定的经济效益。

任何事情都有其两面性，锻炼也要适度才能达到锻炼的目的，那么究竟何为适度呢？有研究者认为，对于正常人来说，标准的锻炼处方是在一周内，可以一至五天里每天做不低于30分钟的中等强度的活动，也可以每周三至周五里每天进行不低于20分钟的较高强度的活动。心肺功能不好的人锻炼强度可适度减少，低强度的锻炼也有改善心肺功能的作用。对于老年人或者身体虚弱的人来说，即便是短距离散步，也有助于他们的身心健康。

晨练很重要

"晨风溢清凉，草木凝清苍。花枝缤烂漫，佼佼迎朝阳"。这是自然显现在我们面前的清晨美景。

对于教师来说，晨练的方法很多，比如散步、打拳、做操。早晨，人刚刚从睡梦中醒来，大脑尚未摆脱抑制状态，肌肉也处在松弛状态中，身体的代谢水平较低，此时如果能到空气清新的户外进行适宜的体育活动，有利于人体从睡眠状态转入兴奋状态，使各器官都活跃起来。只要掌握运动量，晨练会使人精力充沛，在一天的工作学习中不易疲劳。

跑步

对于教师来说，跑步是最佳的有氧运动形式之一。坚持跑步可以提高心肺机能，且由心脏所输送的血液和氧气的量也会相应增加。有项调查结果表明：低于50岁组每天坚持适量跑步运动，平均最大氧气摄取量是每14克体重60毫升；到了50—60岁年龄段，平均最大氧气摄取量是每14克体重60毫升；到了60岁以上年龄段，平均最大氧气摄取量仍然保持在50毫升左右。可是，在一周只跑一两次的小组中，20岁年龄段组的平均最大氧气摄取量也仅为37毫升，到60岁年龄段时猛降到21毫升。可见跑步的确是可以加强心脏和呼吸器官的功能。

跑步还可以将血管壁上附着的可能引起动脉硬化的不良胆固醇去除掉（相反，良性胆固醇会增加），同时改善神经末梢的新陈代谢，跑步时间达到20—30分钟时，体温会上升到40摄氏度左右，在这个体温下，体内各种酶的活动开始活跃起来，其结果是提高组织中的胰岛素的活性，可起到预防糖尿病的作用。

跑步还是一种有效的减肥手段。跑步所消耗的热量虽然和速度有关，但一般情况下，大约可估算为每公里14卡（每公斤体重）；就是说，体重60公斤的人跑10分钟（距离为2—3公里），可消耗120—180千卡的热量。这些热量大约相当于一碗米饭的热量，虽然这个消耗量看起来不是很大，但日积月累，不失为一种健康的减肥途径。

一般人运动时，肌肉中的糖原被消耗，产生大量乳酸物质，乳酸易引起身体疲劳，而在经常进行有氧运动训练的人的肌肉细胞核中，控制细胞呼吸的线粒体会比一般人增多。这样，乳酸得不到积蓄，人在运动后就不易疲劳。

跑步对身体有益，但跑步的强度也应当有所掌握。那么人在跑步时，以何等强度为宜呢？

关于一般人跑步强度的标准，各研究者的数字之间多少有些差异，取其平均值的话，那就是每周3—4天，每次30—40分钟，速度为每公里跑5—6分钟。而且，与其他运动相同，不宜一下子进入最高状态，而是要像汽车启动时一样，刚开始的5分钟左右最好类似步行的速度慢跑，然后再一点一点地提高速度。另外，跑完后的整理运动也至关重要。

【健康小贴士】

跑步时的注意事项

(1) 跑步以后要仔细注意自己的身体有哪些独特的良好感觉和不好的感觉，跑多跑少都要随自己的意愿而定；

(2) 选择空气好的地方跑；

(3) 夜间跑要注意安全；

(4) 在平坦的路面跑对膝盖好；

(5) 感到酸疼或疲乏，就把你的进度放慢；

(6) 选择好的跑鞋，跑鞋主要是起保护作用；

(7) 天冷的时候跑步要保护躯干和头部；

(8) 跑步前不要吃难消化的食物；

(9) 跑步者要有充足的睡眠，跑步促进睡眠。

步行

"每个人都有权起码活到120岁。但是健康是不能买的，只能自己努力去争取。每个人为了自己、为了子女、为了国家，都应该而且能够做到这一点。"这是美国著名体育运动爱好者、作家波利·勃莱格的名言。波利·勃莱格90岁时，身体还像年轻人一样结实、灵活、柔软、硬朗，精力旺盛、情绪乐观。按照波利的经验，"步行是运动之王"。他建议人们每天最好步行5—8公里，并且要逐步增加。

"走路"，步行和跑步、游泳一样，也是一项对教师来说很出色的有氧运动，如果走同样距离的话，可以和跑步获得同样的运动量。

作为健康运动的步行，必须是用脚跟着地，后跟绷直，脚尖用力踢；挺直腰板儿，肘关节弯曲近90度，并前后甩动，有节奏地走。

以健身为目的的步行，其强度处于从"有点轻松"到"轻松"这一范围（相当于中等强度的运动）较合适。这时的脉搏数在每分钟120—130次左右，形象点说，如同约会要迟到时，急忙加快脚步、额头冒汗时的速度差不多。

在我们进行体育运动等身体活动时，如果持续时间不足3分钟的话，身体主要动员储存在肌肉中的糖原作为能源来使用；如果超过3分钟，体内的葡萄糖和脂肪就会被分解而生成新的能量，但是刚开始的时候，主要是使用葡萄糖，随着运动持续进行，脂肪才开始被利用，一般持续15分钟后脂肪才能成为主要的能量来源。

对于肥胖、高血脂、糖尿病等多发于中年、老年的疾病而言，运动疗法以中等强度，持续时间稍微多于20分钟为宜。这就是说，如果想减掉体内的多余脂肪，那么就要以达到出汗速度走20分钟以上为宜。

关于健身的次数, 一般每周2—3次, 每次二三十分钟是最有益于健康的。

影响教师坚持锻炼的因素

尽管锻炼对人们来说是有益的, 但大多数教师很难坚持锻炼下去。通常人们会以各种借口为理由来解释自己为什么不能坚持锻炼。有研究表明, 只有一半的人在六个月后还在坚持自己的锻炼计划, 说明养成锻炼的习惯确实不容易。

那么究竟是什么原因导致人们不能坚持锻炼呢? 原因有很多种, 但较为公认的大致有以下几点:

个人锻炼意识

研究显示, 许多个人背景及其形成的锻炼意识影响了人们是否愿意锻炼。来自经常锻炼家庭的人, 对运动有积极态度的人, 把自己看成是运动员或者适于锻炼的人, 认为自己应对自身健康负责的人比不具备以上特点的人更易于参加和坚持锻炼, 这说明锻炼意识是坚持运动锻炼的主要原因之一。

性别

有研究显示: 在西方国家, 儿童期男孩比女孩爱好参加更多的运动; 至青春期, 这种性别差异逐渐减少; 但到中年和老年期, 女性参加运动的人数比例明显降低, 主要原因是生活中有太多的阻碍使得她们无法进行有规律的锻炼, 如需要照顾家庭和孩子, 或者由于年龄增大、精力下降所致。但目前就我国而言, 全民健身运动已在全国普遍开展, 随着人们健身意识的提高, 这种差别可能会小些, 但尚无确切调查资料加以说明。

【健康小贴士】

最适合女性的有氧运动

滑冰 有助于锻炼身体的协调能力, 在身体方面, 它可以使你的腿部肌肉更加结实而有弹性。

自行车 这是一项最易于坚持的运动方式,它可以锻炼你的腿部关节和大腿肌肉,并且,对于脚关节和踝关节的锻炼也很有效果。

慢跑和散步 对心脏和血液循环系统都有很大的好处,每天坚持一定时间的锻炼(30分钟以上),会有利于减肥,最好的方式是跑走结合。

高尔夫 高尔夫优美的场地环境,适中的运动量,让你的身心都得到了锻炼。这项运动是和散步紧密结合在一起的,在一个18个洞的球场里,你走路的距离会达到6—8公里;挥杆的动作有助于你身体的伸展;此外,美丽的球场更会使你心情舒畅。

骑马 40岁以下的女性比较适合这项运动,因为这项运动有危险性。它可以锻炼你的敏捷性与协调性,并且可以使你的全身肌肉都得到锻炼,尤其是腿部肌肉。

躯体因素

自身躯体因素也是影响人们坚持锻炼的原因之一,如肥胖的人一般来说不愿意进行锻炼。这可能是因为肥胖者进行锻炼时所花费的精力要高出其他人群。

锻炼效果

那些对锻炼效果具有良好期待的人更愿意进行锻炼,通过锻炼取得了显著效果者更容易坚持锻炼。

那么怎样才能使教师的运动和锻炼得到长期维持呢?研究者认为,只有适度、方便和易于进行的锻炼方式才能使锻炼长期维持下去。还有的研究认为,长期保持锻炼的最好方法是有规律的锻炼。他们认为,尽管锻炼的意愿受到态度的影响,但能否长期锻炼还是受习惯的影响。在锻炼者最初的3—6个月中,这是最关键的一个阶段,人们通常是在这一段时间内,易于放弃锻炼;而过了此阶段,人们通常能够坚持锻炼。所以,根据自己的实际情况,制订一个符合自己的锻炼计划表,安排好规律的锻炼时间,有规律地实施一段时间,使之成为一种自发性的和习惯性的行为,这样就为长期锻炼打下了基础。

教师如何保持健康饮食习惯 /

培养健康饮食习惯的重要性

良好饮食行为能够促进个体的健康水平,预防缺铁性贫血、肥胖、龋齿以及心脑血管疾病、糖尿病和肿瘤等。而不良的饮食习惯可导致许多疾病的发生,比如高蛋白、高胆固醇饮食可以升高血清总胆固醇浓度和低密度脂蛋白的浓度,从而可以使血管狭窄、弹性变差,形成血栓,增加心血管疾病,如高血压、冠心病和各种血栓性疾病等发生的可能性。这些疾病已经成为危害教师身体健康的头号杀手,也是导致死亡的重要原因之一。不良饮食习惯除了与心血管疾病有关外,它还与结肠癌、胃癌、胰腺癌和乳腺癌有关。据统计,40%的癌症患者在发病前有不良的饮食习惯,每年有30万人因不健康的饮食习惯而死亡。所以对于教师来讲,要保持健康的体魄,除了要进行运动锻炼外,还要注意合理膳食,培养并保持健康的饮食习惯。

培养健康饮食习惯的方法

转变饮食观念,提高自身健康水平

众所周知,生命离不开营养,营养来自合理膳食。营养状况与人的身心健康密切相关。无论是营养不良,还是营养过剩,抑或不良的饮食习惯,都将有损人体健康,并可能成为主要的致病因素之一。当教师为了自身特殊的健康问题而开始关注饮食,如一些糖尿病、冠心病和高血压等慢性疾病患者,他们是在医生的建议下,为了改善自身健康,而不得不改变原有饮食习惯,这是一种被动改变。还有教师是为了保持一个优美的身材而进行的饮食习惯改变,这种饮食习惯的改变虽然是主动的,但往往会走向一个误区,即只讲苗条,不讲健康。只有合理的、科学的饮食习惯理念,才能养成适合教师自己的健康饮食习惯。

积极学习,科学营养

　　许多人缺乏营养学方面的知识，不清楚事物所含的主要营养成分以及怎样才是合理、科学的营养膳食。例如，营养不良容易导致贫血，营养过剩又是肥胖病、糖尿病、心脑血管病等主要致病因素，食盐摄入过多易患高血压，喜食过热食物的人食管容易发生癌变等等。当然同发达国家相比，我们教师真正系统学习营养知识的人甚少。目前我国大力发展营养师队伍，就是为了减小这一弱势。另外，当下关于健康养生的节目和知识都比较多，教师也可以在日常生活中自己逐渐积累。

【健康小贴士】

中医四季养生

　　春生、夏长、秋收、冬藏，是大自然一年中运动变化的规律。中医认为"天人相应"，人体必须顺应自然四季变化的规律，保持机体与自然的平衡，才能顺利安康地度过一年四季。

人体随着四季变，生长收藏有特点。

夏吃萝卜冬吃姜，顺应天地与自然。

春季养生保健

　　春季，阳气初生，抵抗力弱，最怕风邪的侵袭，而此季多风，因此要避风邪，注意身体的保暖，不要随即骤然减少衣服，防止着凉受风，以免发生春温、风温、感冒、流感等各种春季多发的疾病。民间谚语常说"春捂"就是这个意思。

　　饮食上要注意少吃酸味的食品，可防止肝气过旺，要适当增加甘（甜）味食品，这样有利于补益脾气，避免肝旺而克伤脾。所吃食物性宜偏凉，要慎用或禁食热性食物，这样可以减少由于饮食助长内热，而发生温热性疾病。如各种流感、感冒、疟腮、风疹等。平日宜饮菊花茶、银花，用来清热、散风。饮茶宜用花茶类，花茶其性凉而不寒，较为中和。宜食大麦粥、黄花菜、菠菜、芥菜、豆芽菜，鸭肉等，忌食动物的内脏。

春季到来万物生，绿色食物助健康。

避寒保暖有古训，温病流感要长防。

粮食衣物常晾晒，肝喜酸味脾喜甘。

肝火太旺伤身体，心平气和体最安。

夏季养生保健

夏季，万物繁茂秀美，阳气旺盛，是生育万物，长养万物的季节。在"五行"中属火，与人体的心脏和小肠有着密切的关系。

人体与万物一样，要顺应夏季的气候特点，只有这样才能使人体的正气旺盛，有利于身体的成长壮实，同时也可以减少夏季的多发性疾病，防止伤暑、中暑、暑温、痢疾、暑月感冒等病。

在起居时间上要夜晚入睡，早早起床，不要讨厌天长。中午可以适当增加午睡，使身体得到缓冲。睡卧时，头不要枕冷石、铁物取凉，如不注意可损眼目。切勿露卧室外，以免生癣或生面风。夜间切忌直卧窗下，开窗引风或空调温度过低，阻碍身体阳气通达和宣泄。在情志上要保持精神愉快，澄和心神，切忌发怒，以使人体气机宣畅。可多做一些户外运动，如打球、游泳、跑步，可登山眺望，林听鸟鸣，观潮流水，多与大自然交融，来适应夏季的时令特点。但要注意不可过度劳累消耗，以避免被暑邪所伤。同时也要避免烈日下曝晒以防中暑。

人体在夏季心火旺盛，而肾水衰弱，虽然自觉天热，喜冷贪凉，但应有节制。在饮食上要注意慎、戒油腻厚味，黏腻食物，宜减少苦味食品，增食辛味食品，以养肺脏。勿食太饱。更不可暴饮冰水饮料，贪食冷冻瓜果。

夏季到来万物长，细菌蚊蝇也滋生。

新鲜食物最可口，粮油霉变致伤病。

贪冷贪凉酿寒体，别忘中医有良方。

伏天外治有疗效，及时问医求健康。

秋季养生保健

秋季，西风飒飒，燥气当令，自然景象因万物成熟而平定收敛，是阳气渐退，阴气渐长，万物收获的时节。在"五行"中属金，与人体的肺和大肠有着密切的关系。

人体与万物一样，要顺应秋季的气候特点，各种生命活动都要有所收敛，不可放纵，这样才能收敛神气，不使其过于消散，从而减少秋季疾病的发生。

在起居时间上要早睡早起，可与鸡的活动时间相仿。晨起可在空气新鲜和避风的地方做一些较平和的运动，如打太极拳、练太极剑、保健操等，喜爱跑步的也要像初春一样减少活动量，游泳也应适当减少。不能使身体有大汗，而加重身体的干燥。

心情要保持安定，收敛神气，不使神思外驰。只有这样才能适应秋季的气候特点，才能保持肺气的清肃，保持正常的生理功能。如果违反了这一自然规律，肺脏就会受伤，到了冬天就可能出现消化不良性腹泻。

秋季到来万物收，水果丰盛宜先尝。

燥金当令风物干，燃烧秸秆肺难安。

咳嗽慢支老肺病，空气新鲜最重要。

一年辛苦收获大，莫到冬季为病愁。

冬季养生保健

冬季天寒水冰，大地龟裂，北风凛冽，生机潜伏，阳气内藏，是万物蛰藏的时令。在

"五行"中属水，此季与人体的肾和膀胱有着密切的关系。人体与万物一样，要顺应冬季的气候特点，各种生命活动都要有所潜藏。可少做一些户外活动，这样才能使人体的正气得到补充和储藏，以为来年的新生增添精气和能量。

在起居上要早睡晚起，最好要等到太阳出来时再起床，保证充足的睡眠，要尽量注意保暖，躲避寒冷，以保养好人体的阳气。在一年四季当中，冬季就相当于一天的夜晚，应该多一些休息。

晨起可在阳光充足、空气新鲜和避风的地方做一些轻松的运动，千万不要做剧烈运动，使皮肤开泄出汗而损耗身体的阳气。也要避免冰霜风寒所伤。尽量不要冬泳，要减少夜生活。

冬季到来万物藏，充足睡眠晒太阳。

通风换气常开窗，整夜游戏体易伤。

喝酒吃肉有节制，少吃酸菜多蔬菜。

文明城市讲卫生，顺应天时体健康。

强化自我监督意识，坚持健康饮食习惯

中国有句俗话："江山易改，禀性难移"。改变一个人的饮食习惯不容易，始终坚持下去就更不容易。有关资料显示：通常人们开始的时候都能够坚持，但随着时间的推移，人们又会恢复原来的饮食习惯。即使是那些患有高血压、冠心病和糖尿病的人，虽有医生的指导和忠告，仍有43%的人不能控制自己的饮食，从而导致严重的不良后果，加重病情或病情反复。

纠正教师不良的饮食习惯

很多教师的饮食不规律，营养不均衡，进而引发很多"与食有关"的诸多疾病。教师要形成良好的饮食习惯，必要先改变其不良的饮食习惯，教师不良的饮食习惯主要

不吃早餐

不吃早餐会严重损伤人的肠胃，进而影响人的健康，使人无法精力充沛地工作，甚至导致早衰。德国的研究人员在对7000多人的长期跟踪调查后发现，不吃早餐的人占到了40%。他们的寿命比其余60%的人平均缩短了2.5岁。而德国另一项针对80—90岁长寿老年人的研究结果发现，这些长寿老人的共同点之一就是每天吃一顿丰盛的早餐。

早餐食物应当尽量做到顺口、开胃，增进食欲，并且要保证足够的数量和较好的质量。我们需要知道，不同食物在胃中停留的时间长短是不一样的，所引起的血糖反应也不相同。因此，提醒广大教师在早餐食物的选择上一定要注意干稀搭配，荤素兼备，而且切记一定要吃。

吃得过快

进食速度太快，会加重人的肠胃负担，久而久之就会导致肥胖。调查发现，很多教师的午餐都是在办公室里匆忙解决的。进食速度过快，食物未得到充分咀嚼，不利于口中食物被唾液淀粉酶初步消化，从而加重肠胃负担。教师吃饭时应当尽可能地慢一些，就算是工作很繁忙，也不应牺牲自己吃饭的时间，正所谓细嚼慢咽有利于身体健康。要知道，健康的身体才是工作的本钱。

暴食晚餐

对于不少教师而言，晚餐才是他们一天的正餐。老师们往往是早餐要看"表"，午餐要看"活"，只有到了晚上才能真正放松下来稳坐在餐桌前，美美地大吃一顿。这样的做法对健康极为不利。研究发现，早餐、午餐凑合，晚餐又吃得太丰盛的人，久而久之极易造成肥胖。

科学的进食规律应该是：第一，晚餐要素吃。晚餐应以富含碳水化合物的食物为主，尽量减少过多的蛋白质、脂肪类食物的摄入；第二，晚餐要少吃，一般要求晚餐所供给的热量不超过全日膳食总热量的三分之一。

嗜饮咖啡

很多教师都习惯用喝一杯咖啡的方式来提神醒脑。研究表明，过量喝咖啡会产生很多不利的影响，比如降低受孕率、易患心脏病等等。美国研究人员发现，一个人每天喝5杯或者更多咖啡，其患心脏病的概率比不喝咖啡者高出两倍，且嗜咖啡年限越长，饮量越多，患心脏病的可能性越大。就算是很疲倦没有精神，教师也不能依靠咖啡来提神醒脑。这时首先应当做的就是放下工作，充分休息，同时还应注意到户外多锻炼一下身体。

餐后吸烟

有人说："饭后一支烟，赛过活神仙"。殊不知此时吸烟的中毒量往往大于平时吸十支烟。原来人在吃饭以后，胃肠蠕动加强，血液循环也大大加快，这时人体吸收烟雾的能力也就进入了"最佳状态"，因而烟中的有毒物质比平时更容易进入人体。作为教师，戒烟，于己，有利于自身的健康；于人，戒烟既能防止他人受"二次吸烟"之害，还为学生做出了良好的榜样。

水果当饭

很多教师由于饮食不规律而出现消化不良、血脂增高、血管硬化等一系列疾病，此时确实需要水果中的营养物质来化解。但是，水果不能当主食。因为水果中虽然含有多种维生素和糖分，但却缺少人体需要的蛋白质和某些微量元素。长期用水果当主食，会造成人体缺乏蛋白质等物质，时间一长，营养就会失衡，甚至引发疾病。

喝泡久茶

很多老师采用保温杯泡茶，殊不知这样做会破坏茶叶中的维生素，使茶叶大量渗出鞣酸和茶碱，不利于人体健康。研究表明，茶叶中含有大量的鞣酸、茶碱、茶香油和多种维生素等物质，一般用80℃左右的水冲泡最为适宜，如果用保温杯长时间把茶叶浸泡在滚烫的热水中，就如同用水煎煮一样，会使茶叶中的维生素遭到严重的破坏，茶香油大量挥发，鞣酸、茶碱大量渗出。喝茶有利于健康，不过应当现泡现喝，尤其不能用保温杯泡茶，有喝久泡之茶的教师应当改掉这一坏习惯！

饮水不足

教师由于工作繁忙，所以常常忘记喝水，这就很容易造成体内水分补给不足。体内水分减少，就会导致血液浓缩及黏稠度增大，非常容易导致血栓的形成，不但容易

诱发心脑血管疾病, 还会影响肾脏代谢的功能。教师应当多喝水, 这样既可以滋润咽喉, 又能够及时补充体内的水分, 促进新陈代谢, 避免饮水不足。

控制肥胖 /

有研究者通过对1139例教师人群健康体检资料分析, 发现超重肥胖394人, 占33.47%, 高于全国大城市水平。目前, 肥胖已成为教师心理健康问题。

肥胖的概念

肥胖是人体的一种脂肪堆积过多的异常体态, 当人体内脂肪占体重的百分比过高, 超过了正常的比例时称为超重或肥胖。

根据发病原因的不同, 通常分为单纯性肥胖和继发性肥胖两大类: 没有其他明确病因的肥胖称为单纯性肥胖, 由于其他疾病引起的肥胖称为继发性肥胖。另外, 由于某些药物的作用也可引起肥胖, 我们称之为药物性肥胖。

一般所称的肥胖是指体重超过标准体重20%以上的单纯性肥胖。尚没有统一的标准体重数据, 较普遍采用的计算方法有两种:

一 种 是: 成年: [身高 (厘米) −100] ×0.9=标准体重 (千克)

另一种是: 男性: [身高 (厘米) −105]=标准体重 (千克)

女 性: [身高 (厘米) −100]=标准体重 (千克)

但是, 由于人的体重与许多因素有关, 不同人体之间有差别, 在同一天不同的时间也会有一定的变化, 加之所处的地理位置 (如地心引力的原因)、季节、气候、自身情况的不同, 对体重也有一定的影响。因而很难完全符合标准体重。也就是说, 难以用一个恒定值来表示, 而应当是一个数值范围。我们把这个数值范围称之为正常值, 一般在标准体重±10%以内的范围。超过这一范围, 就可以称之为异常体重。实测体重超过标准体重, 但超出部分<20%者称为超重; 实测体重超过标准体重20%以上, 则

可诊断为肥胖。

教师肥胖的危害

随着科技的发展、社会的进步和生活水平的提高，人们的食谱越来越丰富，但伴随而来的肥胖，代替了以往的营养不良成为全球范围内影响健康的重要危险之一，对于教师来讲也是如此。

据统计，在美国过去的15年中，成人的平均体重增加了大约8磅，而且还在持续增长。目前美国60%的人超重，27%是肥胖，且女性比例要高于男性，美国每年有30万人死于肥胖导致的疾病。我国2010年的统计数字是肥胖人口达3.25亿人，增幅超过美国、英国和澳大利亚，这个数字在未来20年还可能增加一倍。

肥胖主要是由于身体摄入的热量与输出的热量不平衡所造成的，往往是高热量、高脂肪饮食摄入过多，同时身体活动过少，从而导致体内脂肪大量累积。

首先，肥胖不仅影响形体美，而且给生活带来不便，更重要的是容易引起多种并发症，加速衰老和死亡。可以说肥胖是衰老的信号，引发躯体疾病的先兆。

易发高血压及冠心病

肥胖者脂肪组织较多，耗氧量比一般正常体重人大，这样心脏做功量大，使心肌肥厚，尤其左心室负担加重，久之易发生冠心病、心绞痛、中风和猝死。

易患内分泌及代谢性疾病

伴随肥胖所致的代谢、内分泌异常，常可引起多种疾病。糖代谢异常可引起糖尿病，脂肪代谢异常可引起高脂血症，核酸代谢异常可引起高尿酸血症等。肥胖女性因卵巢机能障碍可引起月经不调。

易引起肝胆病变

肥胖者与正常人相比，由于胆汁中胆固醇含量增多，超过了胆汁中的溶解度，因此肥胖者容易并发高比例的胆固醇结石。有报道患胆石症的女性50%—80%是肥胖

者。在外科手术时，约有30%左右的高度肥胖者合并有胆结石。

对肺功能有不良影响

肺功能的作用是向全身供应氧及排出二氧化碳。肥胖者因体重增加需要更多的氧，但肺不能随之而增加功能，同时肥胖者腹部脂肪堆积又限制了肺的呼吸活动，都可造成缺氧和呼吸困难，最后可导致心肺功能衰竭。

增加手术难度、术后易感染

肥胖者会增加麻醉时的危险，手术受伤口易裂开，感染坠积性肺炎等并发症的机会均较正常体重者多。

可引起关节病及并发疝气等

体重的增加能使许多关节（如颈椎、肩、肘、髋、足关节）磨损或撕裂而致疼痛；肥胖者可并发许多疝气，其中以胃上部易位至胸腔中的食道裂孔疝最为常见。

所以，肥胖能引发多种疾病，减少人的寿命。据统计，肥胖者并发脑栓塞与心衰的发病率比正常体重多2—6倍，合并糖尿病者较正常人约增高4倍，合并胆石症者较正常人高4—6倍。更为严重的是肥胖者的寿命将明显缩短。据统计资料表明，超重10%的45岁男性，其寿命比正常体重者要缩短4年。

其次，肥胖还是产生心理问题的原因之一。在有关肥胖的分型上，多数研究者趋向于将肥胖分为两种类型，即以腹部肥胖为主的中心性肥胖，或称"苹果"型肥胖；另一种是相对于中心性肥胖而言的，称为"梨"型肥胖。世界卫生组织界定的中心性肥胖的标准为：男性腰围大于或等于102厘米，女性腰围大于或等于88厘米；而"梨"型肥胖以臀部肥胖为主。近来流行病学调查发现：由于腹部脂肪增加了机体对应激的反应性，研究者称之为"应激性体重"，这种类型的人群对应激较容易产生心理变化，这种对应激的反应性增加了疾病的发病率。所以，肥胖会对人们的身心健康造成极大的影响。

有关专家认为，肥胖症与吸烟、艾滋病一起成为威胁人类健康的三大严重问题。

科学控制体重

肥胖严重威胁到身体健康已得到了人们的共识，许多人开始尝试控制体重的方法。由于一般肥胖是因为吃的比消耗的多所致，所以一些教师开始盲目地节食减肥，殊不知结果不但达不到目的，还会对身体产生许多危害。

日常饮食提供给人体足够的碳水化合物、蛋白质、脂肪、纤维素、维生素、矿物质和水，在吸收与消耗中，健康得以维持。如果人为地增加或减少某部分饮食，便是人为地破坏了平衡，使身体得不到基本的生理需要而出现损害。

随着社会的进步和科学的发展，人们逐渐认识到了科学控制体重的重要性，下面是目前国内外有关科学控制体重的几项观点和方法，推荐给各位有志于减肥的教师。

禁食

禁食通常与其他方法联合使用，禁食期间，个人要严格限制食物的摄入，且以低热量的流食为主。目前低蛋白式禁食应用较为普遍。该方法要求每天只食用400—800卡热量的食物，食物的主要成分是蛋白质和一些碳水化合物以及维护身体代谢平衡的维生素和矿物质。禁食能导致体重快速下降，但人们很难能够做到既禁食又不伤害身体，且一如既往地坚持下去；如果恢复正常的饮食习惯的话，体重很快就会反弹。所以，禁食只能是作为帮助人们减轻体重的一个辅助手段。

手术

手术减肥的方法有很多，目前较为流行的手术减肥方法有两种：一个是胃容积减小术，另一个是目前较为时髦的抽脂术。胃容积减小术是控制减肥所采取的一种极端的方法，它是通过外科手术将胃的体积减小，以限制肥胖者的食物摄入量，从而达到减肥的目的。由于手术都具有一定的风险，且副作用较为常见，所以胃容积减小术较适合于100%超重的，且其他方法都失败的人，以及减肥已成为迫切需要的人。至于手术抽脂术，是目前肥胖者较为推崇的一个减肥方法，也是目前较为流行的一个手术。但目前对于这种手术的长期疗效还不能肯定，减肥者应该根据自身健康状况，在医生的指导下慎重选取手术减肥方法。

食欲抑制药

目前各种媒体都充斥着减肥药广告。减肥药物无论是处方药还是柜台药都要在医生的指导下科学使用，以防止因服用减肥药物而使身体健康受到危害。在一些减肥计划中，药物减肥往往是和认知干预联合使用的。这种方法一般比较有效，但也存在体重反弹的问题，尤其是参与者单纯使用药物减肥而不进行主观努力。这就强调了服用减肥药的同时，还要注重自我效能的发挥。

/ 保养自己——从构筑健康的生活方式开始 /

健康的生命首先取决于自己。2000年世界卫生组织提出了"合理膳食、戒烟限酒、心理平衡、体育锻炼"的健康促进新准则。我国卫生部门参照国外经验，汇集我国大多数保健专家学者的意见，结合我国的特色，总结出了我们应该推行的健康生活方式，就是要做到"八注意"：即合理膳食、规律起居、保证睡眠、劳逸结合、性爱和谐、戒烟限酒、适量运动、心理平衡。这八个注意也完全适合于教师的健康保养。

合理膳食 /

饮食营养是影响人的健康和寿命的一个重要方面。医学专家们认为，营养不足和营养不平衡是导致多种疾病的重要诱因，如糖尿病、高血压病、冠心病、高脂血症、痛风症、癌症等，无不与膳食平衡失调有关。人体所需的营养素达四十多种，可分为七大类，即：蛋白质、脂肪、碳水化合物、矿物质（包括常量元素和微量元素）、维生素、膳食纤维和水，其中蛋白质、脂肪和碳水化合物在代谢过程中可以产生热量，因而又统称为"三大产热营养素"。这七大类营养素既有各自特殊的作用，完成各自承担的任务，又构成一个合理而科学的基本营养体系，在营养的全过程中协调合作，共同完成调节人体生命和生理活动的神圣使命。平衡膳食就是要由各类食物按照合理比例及模式构成，相互补益，提供全面、均衡、适度的营养素。这是合理营养的核心要求。平衡膳食是一种科学的合理的膳食，这种膳食所提供的热能和各种营养素，不仅要全面，而且膳食的营养供给与人体的需要之间必须取得平衡，既不过剩也不欠缺，同时各种营养素之间能够保持合适的比例，相互配合而不失调，并能照顾到不同年龄、性别、生理状态及特殊条件下的情况，使供需之间均能达到营养平衡。我国营养学会根据国情，制定了膳食指南，其原则包括："食物要多样、饥饱要适当、油脂要适量、粗细要搭配、食盐要限量、甜食要少吃、饮酒要节制、三餐要合理。"这些原则如能长期遵守，就一定能达到合理营养的要求。

规律起居 ╱

起居，主要指作息，也包括对各种日常生活活动的安排在内。祖国医学认为，人类长寿的原因之一，就是"起居有常"。《内经》说："上古之人，其知道者，……食饮有节，起居有常，不妄作劳，故能形与神俱，而尽终其天年，度百岁乃去"；"起居无节，故半百而衰也"。从近代一些长寿老人的经验来看，有一套符合生理要求的作息制度，有规律起居的良好习惯，是一条重要的健康长寿经验。今天，科学家们更加坚信不疑，人体内的各种生理活动都存在着与大自然活动密切相关的生物节律即"生物钟"。所以，我们的生活起居必须"有常"，坚持按时作息，合理地安排起居作息，保持良好的生活习惯，坚持有规律的生活制度，尽量使工作、学习、休息、睡眠等活动保持一定的规律，不违背人体生理的变化规律，并与大自然的活动规律相适应，顺应生物钟的要求。这是保证身心健康、延年益寿的重要保健方法。

保证睡眠

睡眠是人生活中的一个重要组成部分。人的一生有1/3的时间是在睡眠中度过的，好的睡眠对恢复体力、增强智慧、保证健康十分重要。没有睡眠就没有健康。睡眠是机体自我保护的重要生理功能。睡眠不仅能使身体得到休息，恢复体力，还能让大脑得到休息，恢复脑力。睡眠时，植物神经系统能集中精力完成消化吸收、营养和能量的转化储备等工作。某些内分泌功能在深睡时变得更加活跃，如生长激素、松果体素的释放增加等，免疫系统也可以在熟睡中得到强化。通过睡眠，人们能够获得全身心的休息、恢复和调整。科学家认为，如果你希望自己健康，就必须重新估价睡眠对健康的作用。

【健康小贴士】

怎样才能睡好觉？

要想有高质量的睡眠，请注意以下几个因素：

生物钟，如果每天准时起床，定时置身于早晨的日光之中，周末也不例外，那么生物钟就会准时地运转，这是提高睡眠质量最关键的一步。

体温，与光照有关的体温波动也影响人的生物节律。当体温下降以后，睡意随即来临。体温调节失控时睡眠会产生紊乱。睡前洗个澡，可在睡前做20分钟的有氧运动，临睡时体温会有所下降。

某些人大量食用咖啡、巧克力、可乐和茶后主观上没有睡眠不良的感觉，但实验证实，他们的深度睡眠均受到影响。酒精虽能助眠，但代谢过程中它会释放一种天然的兴奋剂，破坏下半夜睡眠。

噪音，人往往置身于某种噪声中，时间一长便习惯了这种环境了，却会因此减少深度睡眠的时间，所以应尽量避免噪音的干扰。

另外，对于容易失眠的人来说，应在有睡意时才上床，早早上床的结果往往是"欲速则不达”，只会加重心理压力，在某些情况下，晚睡早起，减少睡眠时间，反而有利于提高睡眠质量。

劳逸结合 /

适度的紧张工作有利于健康，而过度劳累则会对健康有损害。最近发表的一项科学研究报告表明，长期处于过度紧张状态可以对人体健康产生致命的影响。英国科学家贝弗里奇说得好："疲劳过度的人是在追逐死亡。"如果长期处于疲劳状态，不仅降低工作效率，还会诱发疾病。因为长期过度的紧张会使体内茶酚胺类物质过度释放，容易引起血压升高、心血管动脉粥样硬化、心律失常、神经衰弱、消化性溃疡等病，尤其是患有高血压和冠心病的人，如果精神过分紧张危害更大，容易诱发心肌梗塞、中风，甚至引发"过劳死"，"过劳死"这种病无药可治只能预防。因此，我们在当今经济飞快发展、市场竞争空前激烈的时代，在快节奏的紧张工作与生活中，一定要注意劳逸结合，注意保健之法和养生之道。这样就能够在紧张的工作中既提高工作效率，又能预防疾病的产生，达到事业与身体健康两者兼得的目的。古人说过："文武之道，一张一弛。"弦儿绷得太紧，就会扯断，我们不能做只张不弛的蠢事。列宁说："谁不会休息，谁就不会工作。"想多干工作，为社会多作贡献，当然是好事。但要尊重科学，珍惜健康，从长计议，决不能拼消耗，搞疲劳战术，"透支"健康，那是得不偿失的。

性爱和谐 /

世界卫生组织专家称："多年来，医学界忽视了爱情是防治疾病，长寿与健美的一个重要因素，这是非常令人遗憾的。"许多研究者认为：有无性生活是健康的标志之一，性欲是构成人类思想感情的重要组成部分，它对健康的影响殊为巨大。和谐的性生活能使夫妻双方的身心保持健康，爱情有助于健康长寿，美满幸福的爱情可使对方体内分泌出一种令人健康长寿的代谢物质如激素酶、乙酰胆碱等。据日本厚生省统计：离婚的夫妇与爱情美满的夫妇相比，男人寿命平均短12岁，女人短5岁，丧偶者当年因病死亡的几率比同龄人高10倍以上，经历离婚的人其患病率要比爱情美满的人高出12倍。现代研究还证明，正常的性生活可以增强免疫功能，缓解疾病疼痛，解除紧张情绪，调节心理平衡，对促进身心健康有作用。为了健康就要重视性爱和谐，经常保持性爱和谐。

戒烟限酒 /

众所周知，吸烟对人体健康是有百害而无一利的，烟草中许多物质对人体有害，仅目前查明的致癌物质就有40多种。吸烟的长期危害，主要是引发疾病和死亡，包括诱发多种癌症如肺癌，喉、口腔、咽、食道、胰腺、膀胱等癌症，使心脏病及脑中风发作，促使慢性阻塞性肺疾患的发生。2006年5月，卫生部发布了《2006年中国"吸烟与健康"报告》。报告警醒社会各界应该高度关注烟草的危害，认为烟草正在成为我国人民健康的第一杀手。现在每年有约400万人死于由烟草制品引起的疾病，在未来20年中，全球由吸烟所导致的疾病死亡将增加3倍。到2020年，被烟草致死的人数将超过其他任何一种疾病，在世界范围内，死于与吸烟相关疾病的人数将超过艾滋病、结核、难产、车祸、自杀、凶杀所导致的死亡人数的总和。从青少年时开始吸烟，持续下去，就会有50%的机会死于与烟草相关的疾病。其中半数将死于中年，减少2年的正常期望寿命。吸烟对人体健康危害极大，但一旦戒烟后就可以使多种疾病如慢性支气管炎、溃疡病、冠心病、动脉硬化等好转或痊愈，使心脑血管病的发病率与死亡率降低，减少患肺癌的机会。据医学家的研究证明，吸烟者患肺癌的机会在戒烟10—15年后可降到与不吸烟者一样，冠心病的死亡率在戒烟1年后明显下降，10年后可降到不吸烟者的同一水平。因为吸烟对健康的危害多数是可逆的，戒烟后对因吸烟造成的身体损害经过一段时间可以解除。既然吸烟对人体的危害巨大，而戒烟后又可预防这些疾病，所以为了自身和他人的健康，减少环境污染，奉劝烟瘾很大的人还是尽快戒烟。

酗酒对人体的危害是毋庸置疑的，但适量饮酒有保健作用也是肯定的。国外学者的研究表明：老年人适当饮酒能降低冠心病的死亡率。酗酒能毒害肝脏，损害肝功能，使肝细胞受损变性，最终导致肝硬变，医学上称之为"酒精肝"。短时间大量饮酒，可导致酒精中毒，国外医学有报道，过量饮酒可导致胃癌、肝癌、乳腺癌、恶性黑色素瘤等。还有一点应该引起高度重视，就是酒精对精子、卵子也有毒害作用，能引起不育、流产或影响胎儿的生长发育，甚至影响胎儿出生后的智力发育。缩短寿命。有资料表明，因酗酒中风而死亡者为不饮酒者的3倍。长期饮酒多的人，还会发生酒精中毒性心脏病，严重者可出现心律失常，心力衰竭，甚至突然死亡。酗酒损害健康，而适量饮酒则有益健康，要使饮酒有利于健康，关键在于适量。

适量运动 /

"生命在于运动"、"一身动则一身强"，这些格言提示了生命的一条极为重要的规律动则不衰。劳动、运动和生命息息相关。一个人要想健康长寿，就必须经常运动、活动和锻炼，运动能强身健体这个观点是正确的。但人们在参加体育锻炼时需要掌握两个要点，即持之以恒和运动适量。中等强度的、有规律的有氧运动可以增强人体的免疫功能；而过量运动，则会削弱免疫功能，破坏身体的防御系统，导致人体抵抗力下降，病毒和细菌可能乘虚而入，以致患病。运动作为一种健身方法，就要讲究科学性，根据各人的不同身体状况，年龄、性别、职业、有无慢性疾病、爱好、生活习惯、经济条件、家庭或社区的健康设施等情况，来选择运动项目，制定适合自己的运动方案，才会收到良好的健身效果，达到健康长寿的目标。

心理平衡 /

人的健康除了身体健康外，还应包括心理健康与社会交往方面的健康，二者缺少哪一个都是不完整的。人是社会的人，人们在学习、工作及生活中不可能不与其他人及事物接触而孤立存在。因此，在人的一生中决不会没有任何艰难险阻，不遇到矛盾、冲突，不遭受挫折；也就是说人生活在世界上就会遇到各种各样的心理、社会因素，如果对这些心理、社会因素不能正确处理，就会产生焦虑、抑郁、恐惧、紧张等情绪困扰，甚至导致或加重疾病。现代医学证明，许多疾病，如癌症、高血压、偏头痛、溃疡等都是由心理因素引起的。良好的心境是健康的支柱。所以联合国世界卫生组织提出这样一个口号：健康的一半是心理健康。精神心理状态对身体的健康有重要影响，良好的心理状态有利于保护和稳定中枢神经系统、内分泌系统和免疫系统的功能，从而有利于保持身体健康，促进疾病的康复，阻止患病时病情的恶化和进展，减少疾病的发生。而不良的心理状态则会引起中枢神经系统对体内各器官的功能调节失常，内分泌系统的功能紊乱，使各器官的正常生理功能发生障碍，机体的免疫力下降。这样不仅会减弱机体抵抗一般疾病的能力，甚至还会削弱监视和清除自身细胞突变的能力，由此导致多种疾病的发生。要想心理健康就要做到：善良、宽容、乐观、淡泊。善良是心理养生的营养素。心存善良，就会以他人之乐为乐，乐于扶贫帮困，就会与人为善，乐于友好相处，心中就常有轻松之感，会始终保持泰然自若的心理状态，这种心理状态能把血液的流量和神经细胞的兴奋度调到最佳状态，从而提高了机体的抗病能力。宽容是一种良好的心理品质。它不仅包含着理解和原谅，更显示着气度和胸襟。一个不会宽容，只知苛求别人的人，其心理往往处于紧张状态，从而导致神经兴奋、血管收缩、血压升高，使心理、生理进入恶性循环。学会宽容就会严于律己，宽以待人，就能心理健康。乐观是一种积极向上的性格和心境。它可以激发人的活力和潜力，解决矛盾，逾越困难。而悲观则是一种消极颓废的性格和心境，它使人悲伤、烦恼、痛苦，在困难面前一筹莫展，影响身心健康。淡泊是一种崇高的境界和心态，有了淡泊的心态，就不会在世俗中随波逐流，追逐名利；就不会对身外之物得而大喜，失而大悲；就不会对世事他人牢骚满腹，攀比嫉妒。淡泊的心态使人始终处于平和的状态,保持一颗平常心,一切有损身心健康的因素,都将被击退。

　　以上八条所述的健康生活方式是经过亿万人的长期实践所验证的,是经过大量科学研究证明的行之有效的,是科学的适合我国国情的,也是经过努力人人完全可以做到的。人们如果都能恪守这新的健康生活方式,就可以使我国的高血压病减少55%,脑卒中、冠心病减少75%、糖尿病减少50%,肿瘤可减少1/3,平均生命可延长10年以上,这将是非常辉煌的伟大成就,将为千秋万代开创一种科学的健康模式,为中华民族的伟大复兴奠定一个坚实的健康基础。这8个并不复杂的生活规则,为我们提供了健康长寿之路,预防各种慢性病之盾,富国强民之宝。让我们大力呼吁,都来认识这种生活方式,重视这种生活方式对健康的重大而深远的意义,全力推行这一新时代的健康生活方式,就一定可以达到健康快乐100岁,健康就掌握在自己手中,最好的医生是自己,让我们从现在开始,从自己开始行动吧。

身体是革命的本钱。

——毛泽东

/ 教师的慢性疾病与身心修炼

教师职业是一个集脑力劳动与体力劳动于一体的职业，辛勤的园丁们在繁重而辛劳的教学中，由于职业的特殊性，身体健康备受疾病的困扰。根据有关调查数据表明，七成的教师处于亚健康状态，高强度的工作给教师的生理和心理都造成了不小的压力，以致出现了教师职业病。

慢性咽喉炎

粉笔烟尘这东西让老师吃够了苦头，除了咽喉，声带也是老师"容易受伤"的部位之一。说话多、喝水少、粉笔微尘的吸入是导致教师多发咽喉炎的主要原因。教师应注意科学用嗓，修正讲话的方式，胸式呼吸改为腹式呼吸。讲课中，注意声量，切勿太大声或急切地说话；课间休息时让声带也休息一下，常用温开水、薄荷口含片润喉，；少食辣椒等刺激性较强的食物以及巧克力等糖分过高的食物，多摄取一些清肺养阴、化痰散结的食物。

静脉曲张

教师需要长时间地站立授课，下肢静脉内的血柱形成静脉内的压力，使静脉血不易向心脏回流，而向足部倒流，导致下肢静脉曲张。讲课时，教师应将身体重心交替由一只脚移到另一只脚上，始终保持一只脚处在休息状态，并可慢步走动；要充分利用课间休息时间活动活动双腿，促进血液循环。慢跑、关节屈伸活动、腿部按摩，都可以预防静脉曲张。

颈椎、腰椎疾病

教师长期伏案工作时精力高度集中，备课时间较长，容易造成颈部肌肉的紧张，时间一长就会形成颈部肌肉和韧带的慢性损伤，严重者会演变成颈椎病，而腰椎压力是站立时腰椎所承受压力的好几倍，时间长了，容易导致腰椎间盘突出。所以，在坐姿上应尽可能保持自然的端坐姿势，调整工作中的姿势与时间长度，适度运动、充分休息，做些扩展胸部、扭动腰肢、活动四肢等运动。

心理疾病

在人们心目中，教师就像是智慧品德完美的化身。在一方面对教师职业的歌颂中反映了人们对教师职业的崇敬，另一方面也在无形之中给教师群体施加了巨大的压力。这种压力长期累积下来，就容易导致心理疾病的产生，心理学专家认为，心理枯竭已经成为现代社会中的一种职业病，而教师正是这种心理疾病的高危人群之一。心理枯竭会使他们经常体验到疲劳、烦躁、易怒、过敏、紧张、抑郁、多疑等消极情绪。心理枯竭所伴随的成就感降低，会使他们斗志消沉，不再追求工作上的成就和进步，延误自身的发展。心理健康，也是教师的素质要求。一旦教师背上了沉重的心理包袱，就难以胜任教学工作的需要。教师健康问题应该得到全社会的关注，为了教育事业的良好发展，在此呼吁所有学校有必要展开对教师健康知识的宣传和普及工作，提高教师的自我保健意识，不断提高教师的总体健康水平。改善教师的工作环境，如使用无尘的粉笔，为教师准备课间休息的场所和创造良好的工作竞争环境等。同时也要提醒广大教师在日常工作中要劳逸结合，关爱自己。紧张的工作之余，适当运动对于防治职业病有一定的效果。有条件的教师最好每年能进行1—2次体检，发现疾病可及时防治，以免延误病情。

根据《华商晨报》的有关调查数据表明，七成的教师处于亚健康状态，高强度的工作给教师的生理和心理都造成了不小的压力。此外，来自大连医科大学附属二院体检中心的统计数据显示，自去年体检中心成立以来，先后接待了近千名前来体检的教师，结果显示，他们除了普遍患有特有的"职业病"咽喉炎外，竟然有73%的教师患有不同程度的高血脂、脂肪肝、高胆固醇血症、肥胖症、高血压等疾病。而在40—55岁年龄段中，患有上述疾病的比率高达90%。"管中窥豹，可见一斑"，由前面的资料，足以看到当前教师们的健康状况必须要引起足够的重视。在这一章，我们将为广大教师介绍一些常见慢性病的防治知识。

/ 教师"说"出来的常见慢性病 /

慢性咽炎 /

小王是名参加工作不到两年的年轻教师。最近他老感觉到咽部不适，有异物感，总感到咽部有咽不下又吐不出的东西，刺激咳嗽，干燥、发胀、堵塞、瘙痒等。清晨常吐出黏稠痰块，而且刷牙的时候，常会恶心干呕。小王这是怎么了呢? 到医院检查后，医生告诉他这是慢性咽炎，也是教师的常见职业病之一。

慢性咽炎及其症状

慢性咽炎是指慢性感染所引起的弥漫性咽部病变，临床上相当多见，且病程较长，易反复，不传染，但症状顽固，并可多年不愈。慢性咽炎多发生于成年人，常伴有其他上呼吸道疾病，常因急性咽炎反复发作、鼻炎、鼻窦炎的脓液刺激咽部或鼻塞而张口呼吸，均导致慢性咽炎的发生。教师用嗓非常频繁，往往由于用声过多及大量吸入粉笔灰，同时又没有注意用嗓保健而沙哑、失声，从而导致了咽炎的发生。据有关调查表明: 98%的教师在其职业生涯中，都会出现慢性咽炎，真是触目惊心的调查数据。不过，慢性咽炎病情恶化较慢，教师往往处于温水煮青蛙的状态，对咽炎的关注度不够。

慢性咽炎是黏膜慢性炎症，以咽部不适，发干、异物感或轻度疼痛、干咳、恶心，咽部充血呈暗红色，咽后壁可见淋巴滤泡等为主要临床表现。慢性咽炎患者，因咽分

泌物增多,故常有清嗓动作,吐白色痰液。咽部有异物感,灼痒微痛,干燥灼热等;常有黏稠分泌物附于咽后壁不易清除,夜间尤甚,"吭吭"做声,意欲清除而后快。分泌物可引起刺激性咳嗽,甚或恶心、呕吐。检查若见咽部黏膜弥漫性充血,色暗红,并附有少量黏稠分泌物,为慢性单纯性咽炎。慢性肥厚性咽炎的症状可见黏膜增厚、弥漫充血,或腭弓和软腭边缘增厚,咽后壁有多数颗粒状突起的淋巴滤泡。

慢性咽炎的病因

口、鼻腔疾病（引发慢性咽炎的主要原因）

如慢性鼻炎、鼻窦炎、鼻中隔偏曲等引起鼻塞,导致分泌物长期刺激咽部;鼻塞、打鼾致长期张口呼吸,引起咽部黏膜过度干燥,引起和加重慢性咽炎;鼻、口腔、牙齿、牙龈、喉、气管、支气管等邻近器官的急、慢性炎症,均可沿着黏膜、黏膜下组织、局部淋巴和血液循环侵犯到咽部,或炎性分泌物反复刺激咽部都是慢性咽炎的诱发因素。

物理或化学性刺激

讲话过多,如：教师、演员等因长期多言语和演唱,可刺激咽部,引起慢性充血而致病;喜食辛辣、烫热饮食,烟酒过度,化学性气体、粉尘等空气污染,可损伤咽部黏膜上皮和腺体,破坏局部防御体系。

气候、季节、环境因素

寒冷可造成咽部黏膜血管收缩,吞噬细胞数目减少,局部抵抗力下降;干燥可影响咽部黏液分泌和纤毛蠕动,降低对空气的清洁、加湿作用,直接对咽部黏膜造成刺激和损害;冬春季节气候变化大,室内空气流通差,也容易引起抵抗力下降和致病微生物入侵。

全身疾病

过敏体质或患有全身疾病,如风湿热、痛风、糖尿病、心脏病、贫血、肾炎、气管炎、慢性支气管炎、肺气肿、支气管扩张、肺结核、肝硬变及消化系统疾病造成的营养不良、便秘等，均可导致全身抵抗力下降、咽部血液循环障碍，进而引发咽炎。

其他因素

比如过度疲劳、精神紧张、饮水过少、睡眠不足等也是诱发咽炎的常见因素。

慢性咽炎的影响

慢性咽喉炎危害很大，如久治不愈可引发：心脏病、胸膜炎、类风湿关节炎、肺结核、喉癌、食道癌等比较严重的病症，所以早期发现并尽早治疗可消除或减小因慢性咽喉炎引起上述疾病的隐患，同时慢性咽喉炎患者的定期系统地全身检查也显得相当重要。慢性咽炎的病程较长，症状较顽固，不易治愈，多数为急性咽炎反复发作而致。

影响正常饮食　例如干燥或萎缩性咽炎导致的咽干，讲话和咽唾液都感到费劲，需频频饮水湿润，甚至吃饭时也要用汤水帮助咽下食物。

影响正常休息　咽痒引起阵阵刺激性咳嗽，或由于咽部黏膜增厚，影响呼吸的通畅而睡眠时经常打鼾，致使睡眠质量下降。

影响心理　有些人因为咽部异物感，经常作"吭喀"和吞咽动作，希望能将异物排除，而这些无效的清嗓动作只能加重原有的不适，于是就怀疑自己咽喉或食管里长了肿瘤，造成沉重的精神负担和压抑感。有的人因为炎性分泌物及细菌停留，发生口臭，影响别人，也给自己带来苦恼。

慢性咽炎的预防与治疗

自我疗法

(1) 保持室内合适的温度和湿度，空气新鲜，是防治慢性咽炎的有效措施。居室空气干燥及过冷、过热、过湿都可影响咽部黏膜的防御机能，造成功能障碍。在有粉

尘或刺激性气体环境中的工作者应戴口罩。

(2) 早晨、饭后及睡觉前漱口、刷牙，可以保持口腔清洁。还需纠正张口呼吸的不良习惯，合理安排生活，保持心情舒畅，避免烦恼郁闷。同时，防治口鼻、咽部周围器官的疾病，消除炎性病，对防治咽炎不容忽视。

(3) 注意足够的休息，避免熬夜。加强身体锻炼，增强体质，预防呼吸道感染。

(4) 注意用嗓卫生，上课时切勿太大声或急切地说话，修正讲话的方式，改胸式呼吸为腹式呼吸。平时可多做跑步、打球等运动，这样不但能增强体质，还能增大肺活量，为吸气、呼气和发音奠定良好的基础。另外，推荐一种"计数呼吸训练法"，吸气时默念"123"，呼气时默念"4567"，呼气阶段数字量要多于吸气阶段，数字之间均匀间隔。这种方法简单易行，若持之以恒可以锻炼呼吸肌，改善发音。

进行饮食调养

进行饮食调养，以清淡易消化饮食为宜，再辅助一些清爽去火、柔嫩多汁的食品摄入。

(1) 吃富含胶原蛋白和弹性蛋白的食物，如猪蹄、猪皮、蹄筋、鱼类、豆类、海产品等，有利于慢性咽炎损伤部位的修复。

(2) 多摄入富含B族维生素的食物，如动物肝脏、瘦肉、鱼类、新鲜水果、绿色蔬菜、奶类、豆类等，有利于促进损伤咽部的修复，并消除呼吸道黏膜的炎症。

(3) 忌食烟、酒、姜、椒、芥、蒜及一切辛辣之物。少吃或不吃煎炸、辛辣刺激性食物，如：油条、麻团、炸糕、辣椒、大蒜、胡椒粉等。

(4) 经常饮用一些利咽生津的食疗饮品，如橘子、广柑、菠萝、甘蔗、橄榄、鸭梨、苹果等，或多喝水及清凉饮料，但饮料不能太浓。

【健康小贴士】

治疗慢性咽炎的小处方

绿茶蜂蜜饮　　绿茶5g，蜂蜜适量。将绿茶置杯中，冲入沸水，加入蜂蜜饮服，每日1

清音茶　药用胖大海5g,蝉衣3g,石斛15g。水煎代茶饮。适用于慢性咽炎伴有声音嘶哑者。

山楂利咽茶　药用生山楂20g,丹参20g,夏枯草15g。使用时,先用清水洗去浮尘,然后加水煎30分钟后,滤取药汁,一日数次,当茶频饮。功能活血散结,清热利咽。适用于慢性咽炎而咽部淋巴滤泡增生明显者。

其他疗法

(1) 舌根运动法治咽喉炎

咽喉炎致使咽喉肿痛、嗓子燥痒、吞咽有异物感,可采取舌根运动法,能收到良好的疗效。即:闭口,舌尖抵牙齿,正转18次,反转18次,然后将口中津液分三次咽下,早晚坚持各做一次。

(2) 按摩治咽喉炎

按摩方法:每天早起后,在手掌心涂上3滴—4滴风油精,按摩(顺时针方向)咽喉部位20—30次,持续2—3个月。

慢性支气管炎 ╱

慢性支气管炎是由于感染或非感染因素引起气管、支气管黏膜及其周围组织的慢性非特异性炎症。其病理特点是支气管腺体增生、黏液分泌增多。临床有连续两年以上出现每次持续三个月以上的咳嗽、咳痰或气喘等症状。早期症状轻微,多在冬季发作,春暖后缓解;晚期炎症加重,症状长年存在,不分季节。疾病进展又可并发阻塞性肺气肿、肺源性心脏病,严重影响劳动力和健康。

教师讲课时,板书所造成的粉笔粉尘会侵袭呼吸道,微细的粉尘黏附在气管和支气管,则会刺激支气管黏膜,损坏纤毛上皮细胞,促使黏液腺增生,引起支气管非特异性炎症。这种粉尘性支气管炎主要表现为咳嗽、吐痰、气喘等,教龄越长患者越多,病情也越重,如不加以控制,有些病人到晚期则有可能并发阻塞性肺气肿、慢性肺源性心脏病、慢性肺功能不全和慢性心功能不全。

慢性支气管炎的发病原因

吸烟因素　现今公认吸烟为慢性支气管炎最主要的发病因素，吸烟能使支气管上皮纤毛变短，不规则，纤毛运动发生障碍，降低局部抵抗力，削弱肺泡吞噬细胞的吞噬、灭菌作用，又能引起支气管痉挛，增加气道阻力。上海市防治慢性气管炎协作组于1972年普查了339名50岁以上患者，其中吸烟者慢性支气管炎的患病率为不吸烟的2倍，前者为20.9%，后者为9.7%。另用配对方法以慢性支气管炎患者和正常人各303名作吸烟习惯对比调查，慢性支气管炎组吸烟的人数非常显著地高于正常对照组。

感染因素　感染是慢性支气管炎发生发展的重要因素，主要为病毒和细菌感染，鼻病毒、黏液病毒、腺病毒和呼吸道合胞病毒为多见。在病毒或病毒与支原体混合感染损伤气道黏膜的基础上可继发细菌感染。从痰培养结果发现，以流感嗜血杆菌、肺炎球菌、甲型链球菌及奈瑟球菌四种最为多见。感染虽与慢性支气管炎的发病有密切关系，但目前尚无足够证据说明为其首发病因，只认为是慢性支气管炎的继发感染和加剧病变发展的重要因素。

理化因素　如刺激性烟雾、粉尘、大气污染（如二氧化硫、二氧化氮、氯气、臭氧等）的慢性刺激，常为慢性支气管炎的诱发因素之一。接触工业刺激性粉尘和有害气体的工人，慢性支气管炎患病率远较不接触者为高，故大气污染也是本病重要诱发病因。

气候因素　寒冷常为慢性支气管炎发作的重要原因和诱因，慢性支气管炎发病及急性加重常见于冬天寒冷季节，尤其是在气候突然变化时。寒冷空气刺激呼吸道，除减弱上呼吸道黏膜的防御功能外，还能通过反射引起支气管平滑肌收缩、黏膜血液循环障碍和分泌物排出困难等，有利于继发感染。

过敏因素　据调查，喘息性支气管炎往往有过敏史。在患者痰液中嗜酸粒细胞

数量与组胺含量都有增高倾向,说明部分患者与过敏因素有关。尘埃、尘螨、细菌、真菌、寄生虫、花粉以及化学气体等,都可以成为过敏因素而致病。

慢性支气管炎的预防

预防支气管炎,教师上课时板书尽量简明扼要,避免频繁地写写擦擦,或者使用无尘粉笔。此外,加强个人卫生,包括体育、呼吸和耐寒锻炼,以增强体质,预防感冒。日常生活中要加强自我调理,饮食宜清淡,多食用富含蛋白质和维生素的食物,如奶制品、蛋类、鱼、瘦肉及新鲜蔬菜、水果,少食刺激性及油炸食品。具体要做到以下几点:

戒烟　慢性支气管炎患者不但要首先戒烟,而且还要避免被动吸烟,因为烟中的化学物质如焦油、尼古丁、氰氢酸等,可作用于植物神经,引起支气管的痉挛,从而增加呼吸道阻力;另外,还可损伤支气管黏膜上皮细胞及其纤毛,使支气管黏膜分泌物增多,降低肺的净化功能,易引起病原菌在肺及支气管内的繁殖,致慢性支气管炎的发生。

注意保暖　在气候变冷的季节,患者要注意保暖,避免受凉,因为寒冷一方面可降低支气管的防御功能,另一方面可反射地引起支气管平滑肌收缩、黏膜血液循环障碍和分泌物排出受阻,可发生继发性感染。

加强锻炼　慢性支气管炎患者在缓解期要做适当的体育锻炼,以提高机体的免疫能力和心、肺的贮备能力。

预防感冒　注意个人保护,预防感冒发生,有条件者可做耐寒锻炼以预防感冒。

做好环境保护　避免烟雾、粉尘和刺激性气体对呼吸道的影响,以免诱发慢性支气管炎。

注重饮食起居调理　食物不可太咸,忌油炸、易产气的食物,应多吃高蛋白、高热量、高维生素、低脂、易消化食品,如鸡蛋、鸡肉、瘦肉、牛奶、动物肝、鱼类、豆制品等。寒冷季节应补充一些含热量高的肉类暖性食品以增强御寒能力，适量进食羊肉、狗肉、牛奶、动物肝、鱼类、豆制品等对极度虚寒者可采用。除荤食外，应经常进食新鲜蔬菜瓜果，以确保对维生素C的需要。含维生素A的食物亦是不可少的，有保护呼吸道黏膜的作用。此外，应少量多次饮水，每日饮水量不少于1500毫升，以稀释痰液，利于排出。秋季自然界一切生物代谢相对减缓，人也应该顺应自然"早卧早起，与鸡俱兴"，保持情志安宁。

教师"坐"出来的常见慢性病

颈椎病

刘老师是一位从教20多年的老教师，她一直是学校业务骨干，每天备课、上课、改作业、批试卷忙得不亦乐乎。由于长时间伏案低头工作，姿势持续固定不变，刘老师时常感到肩部肌肉僵硬、酸疼。经常在学校里忙碌一天后，每晚都要靠按摩来松弛僵硬的肩颈肌肉。原来刘老师由于长期的伏案工作，造成颈部肌肉和韧带的慢性损伤，得了颈椎病，脖子只能向前伸着才舒服，而且还会导致手脚发麻。

颈椎病及其症状

颈椎病又称颈椎综合症，是由于人体颈椎间盘逐渐地发生退行性改变、颈椎骨质增生或颈椎正常生理曲线改变后刺激或压迫颈神经根、颈部脊髓、椎动脉、颈部交感神经而引起的一组综合症状。颈椎病发展缓慢，病程较长，给患者造成很大的痛苦。患者轻则感到头、颈、肩及手臂麻木，影响日常工作、学习和生活，重则可导致肢体酸软无力，丧失工作、生活能力。如果治疗不及时，还会导致高血压、脑中风等，危害非同小可。

颈椎病是常见病之一,一般来说30岁以上的男女容易发生颈椎病,发病率为3.8%—10%。但在教师这个群体中,发病率往往会高达60%—70%。

颈椎病的症状非常丰富,多样而复杂,多数患者开始症状较轻,在以后逐渐加重,也有部分症状较重者。如神经根压迫引起的颈、肩、背疼痛,上肢麻木酸胀,肌肉萎缩;椎间动脉受压迫引起的头晕、头痛、恶心、呕吐、耳鸣、耳聋、视物不清等脑供血不足症状。主要症状是:

1. 颈肩酸痛可放射至头枕部和上肢。

2. 一侧肩背部沉重感,上肢无力,手指发麻,肢体皮肤感觉减退,手握物无力,有时不自觉地握物落地。

3. 其严重的典型表现是:下肢无力,行走不稳,两脚麻木,行走时如踏棉花的感觉。

4. 最严重者甚至出现大、小便失控,性功能障碍,甚至四肢瘫痪。

5. 常伴有头颈肩背手臂酸痛,脖子僵硬,活动受限。

6. 有的伴有头晕,房屋旋转,重者伴有恶心呕吐,卧床不起,少数可有眩晕,猝倒。

7. 当颈椎病累及交感神经时可出现头晕、头痛、视力模糊,两眼发胀、发干、两眼张不开、耳鸣、耳堵、平衡失调、心跳过快、心慌,胸部紧束感,有的甚至出现胃肠胀气等症状。也有吞咽困难,发音困难等症状。

多数发病时轻且不被人们所重视,多数能自行恢复,时轻时重,只有当症状继续加重而不能逆转时,影响工作和生活时才引起重视。

引发颈椎病的原因

颈椎病是中、老年人常见病、多发病之一。据统计,其发病率随年龄升高而升高。在颈椎病的发生发展中,慢性劳损是罪魁祸首,长期的局部肌肉、韧带、关节囊的损伤,可以引起局部出血水肿,发生炎症改变,在病变的部位逐渐出现炎症机化,并形成骨质增生,影响局部的神经及血管。

颈椎退行性改变　随着年龄的不同阶段发展,颈椎及椎间盘可发生不同的改变,在颈椎体发生退行性改变的同时,椎间盘也发生相应改变。

外伤因素　在椎间盘蜕变的基础上,进行剧烈活动或不协调的运动导致颈部外伤或头面枕部外伤,可以损伤颈部的椎间盘、肌肉和韧带,加速椎间盘和颈椎骨的退行性变,成为发生颈椎病的病理基础。

慢性劳损　长期处于不良的劳动姿势,椎间盘受到来自各方面的牵拉、挤压或扭转。如工作性质和生活习惯;经常低头或仰头工作和有低头生活习惯者,颈部经常处于屈曲位或伸展位,颈部肌肉过度疲劳,因此,容易患颈椎病。例如,伏案工作者(秘书、财会人员、老师、学生等),低头工作的化验员、编织工,仰头工作的油漆工、汽车修理工,高枕睡眠,低头玩麻将牌,仰头看电视等等。

寒冷、潮湿　尤其在椎间盘蜕变的基础上,受到寒冷、潮湿因素的影响,可造成局部肌肉的张力增加,肌肉痉挛,增加对椎间盘的压力,引起纤维环损坏。

教师往往需要长期伏案工作,使颈椎长时间处于屈曲或某些特定体位,不仅使颈椎间盘内的压力增高,而且也使颈部肌肉长期处于非协调受力状态,颈后肌肉韧带易受牵拉劳损,椎体前缘相互磨损、增生。备课和批改作业需要长时间伏案工作,长期低头伏案还使整个躯体重量全部压在腰骶部,时间久了会造成慢性腰肌劳损和颈椎疾病,引起腰、腹、背部肌肉下垂、疼痛。此外,写板书时经常抬高手臂,容易造成颈背部筋膜炎及肩部旋转肌腱炎,如果不处理,除酸痛加剧外,还会演变为颈椎退化性关节炎或肩周炎。严重时,肩膀、背部出现无力感,甚至头痛,手臂无法抬高。

颈椎病的日常保健与治疗

日常保健

(1)坚持适量的运动,加强颈肩部肌肉的锻炼。生命在于运动,人的颈椎也是如

此，如果你的颈椎长期处于一个姿势，缺乏运动，就会发生慢性劳损，建议你在繁忙的工作学习之余，活动一下你的颈椎，做头及双上肢的前屈、后伸及旋转运动，也可做慢速而有节律的颈项前屈、后伸、左旋、右旋、左侧屈、右侧屈、顺时针和逆时针方向转动，每次10分钟，每天进行2—3次。既可缓解疲劳，又能使肌肉发达，韧度增强，从而有利于颈段脊柱的稳定性，增强颈肩顺应颈部突然变化的能力。

(2) 避免颈部受凉。平时应注意颈部保暖，忌吹风淋雨，冬天可用围巾护颈，夏天避免吹电风扇和久居空调环境，尤其不能背对着吹凉风。人们在睡觉时总是喜欢为肚子保暖可很少有人会注意到颈部的保暖，晚上睡觉时一定要盖好被子，特别是颈肩部的被子一定要塞紧，以免熟睡时受凉使风寒邪气侵袭颈肩部引起气血淤滞、脉络受损而发病。

(3) 保持正确的睡眠姿势。平时宜低枕平卧休息，枕宜窄，置于后脑勺。由于工作学习很累，有的人一躺下就睡着了，所以很少会注意到睡姿，如俯卧把头颈弯向一侧，在极度疲劳时还没有卧正位置就熟睡过去，头颈部位置不正，过度屈曲或伸展等。天长日久你的脖子自然要抗议了。

对于已经有轻微或较重颈椎病的老师们来说，就更要做到以下几点了：

(1) 颈椎病患者需定时改变头颈部体位，注意休息，劳逸结合。抬起头并向四周各方向适当地轻轻活动颈部，不要老是让颈椎处于弯曲状态。伏案工作不宜一次持续很长时间，超过2个小时以上的持续低头工作，则难以使颈椎椎间隙内的高压在短时间内得到有效的恢复缓解，这样会加重加快颈椎的蜕变。

(2) 已经有颈椎病症状的患者，应当减少工作量，适当休息。症状较重、发作频繁者，应当停止工作，绝对休息，而且最好能够卧床休息，这样在颈椎病的治疗期间，有助于提高治疗的效果，促使病情早日缓解，机体早日康复。

(3) 颈椎病患者在工作中应该避免长时间吹空调，电风扇。由于颈椎病的发病是多种因素共同作用的结果，寒冷和潮湿容易加重颈椎病的症状。应当尽量减少在气温过低或者寒冷潮湿的条件下长期低头伏案工作的时间，以防止颈椎病症状的出现，或者颈椎病诱发颈肩背部酸痛的症状。

(4) 颈椎病患者应当避免参加重体力劳动,提取重物等等,平常应当注意保护颈部,防止其受伤。上肢应该避免提取重物,当上肢提重物时,力量可以经过悬吊上肢的肌肉传递到颈椎,从而使颈椎受到牵拉,增加了颈椎之间的相互压力。颈椎病患者在参加重体力劳动后症状有可能会加重。

日常治疗

(1) 放风筝:放风筝时,挺胸抬头,左顾右盼,可以保持颈椎、脊柱的肌张力,有利于增强骨质代谢,既不损伤椎体,又可预防椎骨和韧带退化。

(2) 多游泳:因为游泳的时候头总是向上抬,颈部肌肉和腰肌都得到锻炼,而且人在水中没有任何负担,也不会对椎间盘造成任何的损伤,算得上是比较惬意的锻炼颈椎的方式。

(3) 做医疗保健体操:

首先,左右旋转:取站位或坐位,双手叉腰,头轮流向左右旋转,动作要缓慢,幅度要大,每当旋转到最大限度时停顿3—5秒,左右旋转15—20次,头晕、心慌应停止旋转。

其次,前屈后伸:做时伴随深呼吸,呼气时颈部前屈,下颌接近胸骨柄上缘;吸气时颈部伸至最大限度,反复做10次。

再次,侧展:吸气时头向左展,呼气时头还原。接着吸气时头向右展,呼气时头还原,反复做10次。

最后,按摩颈部:两手轮流按摩颈部20—30次,然后按压"风池穴",再用双手大拇指第一节掌面用力向上向下按摩30—60次。

肩周炎 /

现代的教师,备课往往会上网查资料,一般在电脑前面一坐就是好几个小时,而且写教案改作业都是伏在案上。对长时间保持这种姿势的教师来说,肩周炎是一种常见病。

肩周炎及其临床表现

肩周炎是以肩关节疼痛和活动不便为主要症状的常见病症。本病的好发年龄在50岁左右,女性发病率略高于男性,多见于体力劳动者。如得不到有效的治疗,有可能严重影响肩关节的功能活动。本病早期肩关节呈阵发性疼痛,常因天气变化及劳累而诱发,以后逐渐发展为持续性疼痛,并逐渐加重,昼轻夜重,肩关节向各个方向的主动和被动活动均受限。肩部受到牵拉时,可引起剧烈疼痛。肩关节可有广泛压痛,并向颈部及肘部放射,还可出现不同程度的三角肌的萎缩。

肩周炎一般有如下的临床表现

(1) 肩部疼痛:起初时肩部呈阵发性疼痛,多数为慢性发作,以后疼痛逐渐加剧或顿痛,或刀割样痛,且呈持续性,气候变化或劳累后,常使疼痛加重,疼痛可向颈项及上肢(特别是肘部)扩散,当肩部偶然受到碰撞或牵拉时,常可引起撕裂样剧痛,肩痛昼轻夜重为本病一大特点,多数患者常诉说后半夜痛醒,不能成寐,尤其不能向患侧侧卧,此种情况因血虚而致者更为明显;若因受寒而致痛者,则对气候变化特别敏感。

(2) 肩关节活动受限:肩关节向各方向活动均可受限,以外展、上举、内外旋更为明显,随着病情进展,由于长期废用引起关节囊及肩周软组织的黏连,肌力逐渐下降,加上喙肱韧带固定于缩短的内旋位等因素,使肩关节各方向的主动和被动活动均受限,当肩关节外展时出现典型的"扛肩"现象,特别是梳头、穿衣、洗脸、叉腰等动作均难以完成,严重时肘关节功能也受影响,屈肘时手不能摸到同侧肩部,尤其在手臂后伸时不能完成屈肘动作。

(3) 怕冷:患肩怕冷,不少患者终年用棉垫包肩,即使在暑天,肩部也不敢吹风。

(4) 多数患者在肩关节周围可触到明显的压痛点,压痛点多在肱二头肌长头腱沟、肩峰下滑囊、喙突、冈上肌附着点等处。

（5）肌肉痉挛与萎缩：三角肌、冈上肌等肩周围肌肉早期可出现痉挛，晚期可发生废用性肌萎缩，出现肩峰突起，上举不便，后弯不利等典型症状，此时疼痛症状反而减轻。三角肌有轻度萎缩，斜方肌痉挛。冈上肌腱、肱二头肌长、短头肌腱及三角肌前、后缘均可有明显压痛。肩关节以外展、外旋、后伸受限最明显，少数人内收、内旋亦受限，但前屈受限较少。

（6）X线及化验室检查：常规摄片，大多正常，后期部分患者可见骨质疏松，但无骨质破坏，可在肩峰下见到钙化阴影。实验室检查多正常，年龄较大或病程较长者，X线平片可见到肩部骨质疏松，或冈上肌腱、肩峰下滑囊钙化征。

肩周炎的发病原因

临床研究发现，肩周炎患者所从事的工作均需要频繁活动肩臂或肩臂必须长时间固定于某一种姿势，尤其是这种姿势大部分是上臂轻度外展、内旋位。例如教师写黑板板书时上臂外展、上举、内旋姿势，会计打算盘、使用计算器或微机的姿势，久而久之，势必导致肩臂某些组织的慢性疲劳损伤，发生退行性变，最终导致泛发性炎症。分析教师肩肌的受力部位，我们发现这种姿势主要引起肩袖肌及肌腱的疲劳，加速肩袖的劳损性退化和变性。这种经常性疲劳累积为小损伤后出现轻微酸胀症状，一般不容易被重视，若再有意外刺激，即泛发炎性反应，使之充血、渗出及肉芽组织增生。至老年期，尤其是50岁左右时，蜕变到一定程度，组织再生和修复能力下降，一过性内分泌功能紊乱、新陈代谢减退及其他诱因等均可导致炎性灶迅速黏连、纤维化以至钙化，最终致肩周各关节活动受限和剧烈疼痛。

教师肩周炎的治疗

对于肩周炎的治疗，原则是针对肩周炎的不同时期，或是其不同症状的严重程度采取相应的治疗措施。肩周炎的治疗应以保守治疗为主，一般而言，若诊断及时，治

疗得当,可使病程缩短,运动功能及早恢复。

在肩周炎早期 即疼痛期 病人的疼痛症状较重。而功能障碍则往往是由于疼痛造成的肌肉痉挛所致,所以治疗主要是以解除疼痛,预防关节功能障碍为目的,缓解疼痛可采用吊带制动的方法,使肩关节得以充分休息;或采用封闭疗法,在局部压痛最为明显处,注射强的松龙;或用间动电疗法,温热敷,冷敷等物理治疗方法解除疼痛。必要时可内服消炎镇痛类药物,外涂解痉镇痛酊剂等外用药物。在急性期,一般不宜过早采用推拿、按摩方法,以防疼痛症状加重使病程延长。一般可自我采取一些主动运动练习,保持肩关节活动度,在急性期限过后方可推拿、按摩,以达到改善血液循环,促进局部炎症消退的目的。

在肩周炎的冻结期 关节功能障碍是其主要问题,疼痛往往由关节运动障碍所引起。治疗重点以恢复关节运动功能为目的。采用的治疗手段可以用理疗、西式手法、推拿、按摩、医疗体育等多种措施,以达到解除黏连,扩大肩关节运动范围,恢复正常关节活动功能的目的。针对功能障碍的症状,严重的肩周炎病人必要时可采用麻醉下大推拿的方法,撕开黏连。在这一阶段,应坚持肩关节的功能锻炼。除了被动运动之外,病人应积极主动地配合,开展主动运动的功能训练,主动运动是整个治疗过程中极为重要的一环。

在肩周炎恢复期 主要以继续加强功能锻炼为原则,增强肌肉力量,恢复在先期已发生废物性萎缩的肩胛带肌肉,恢复三角肌等肌肉的正常弹性和收缩功能,以达到全面康复和预防复发的目的。

除了针对不同病程采取不同的治疗措施外,还应针对肩周炎病情的严重程度考虑治疗措施 在这一点上,国外观点认为,可根据被动运动试验中因疼痛而造成的运动局限和终末感觉来判定其严重程度并指导治疗。假如被动运动中,病人的疼痛发生于终末感觉前,此时肩周炎往往是急性的,不宜采取主动运动体疗,如果病人的疼痛发生于终末感觉的同时,可适当采用主动运动体疗,当达到终末感觉时无疼痛,应用主动运动体疗。肩关节是人体全身各关节中活动范围最大的关节,其关节囊较松弛,关节的稳定性大部分靠关节周围的肌肉、肌腱和韧带的力量来维持。由于肌腱本身的血液供应较差，而且随着年龄的增长而发生退行性改变，加之肩关节在生活中活动比较频繁，周围软组织经常受到来自各方面的摩擦挤压，故而易发生慢性劳损。

治疗方案

1.肩周炎有其自然病程，一般在1年左右能自愈。但若不配合治疗和功能锻炼，即使自愈也将遗留不同程度的功能障碍。

2.早期给予理疗、针灸、适度的推拿按摩，可改善症状。

3.痛点局限时，可局部注射醋酸强的松龙、能明显缓解疼痛。但不建议使用此方法，封闭疗法能立竿见影，但是只能暂时压制病痛几年，很容易复发，而后病症会更重。

4.疼痛持续、夜间难以入睡时，可短期服用非甾体抗炎药，并加以适量口服肌松弛剂。

5.无论病程长、短，症状轻、重，均应每日进行肩关节的主动活动，活动时以不引起剧痛为限。另外可使用外用的中药进行治疗，比如立正消痛贴，属于外用敷剂，药物从皮肤渗透病变骨质，中药外用，无副作用，治疗效果比口服西药更好。

【健康小贴士】

肩周炎的保健小常识

1.注意肩关节局部保暖，随气候变化随时增减衣服，避免受寒受风及久居潮湿之地。

2.避免过度劳累，避免提重物，注意局部保暖。

3.要加强身体各关节的活动和户外锻炼，注意安全，防止意外损伤。

4.老年人要加强营养，补充钙质，如吃牛奶，鸡蛋，豆制品，骨头汤，黑木耳等，或口服钙剂。

5.急性期不宜做肩关节的主动活动，可采用热敷、拔火罐、轻手法推拿、按摩等方法综合治疗，注意热敷时不要烫伤。

教师用电脑"用"出来的常见慢性病

干眼症

概述

角结膜干燥症俗称"干眼症",是指任何原因造成的泪液质或量异常或动力学异常,导致泪膜稳定性下降,并伴有眼部不适和(或)眼表组织病变特征的多种疾病的总称。

常见之症状包括眼睛干干涩涩,容易疲倦,想睡,会痒,有异物感,痛灼热感,眼皮紧绷沉重,分泌物黏稠,怕风,畏光,对外界刺激很敏感,暂时性视力模糊;有时眼睛太干,基本泪液不足反而刺激反射性泪液分泌而造成常常流眼泪之症状;较严重者眼睛会红肿,充血,角质化,角膜上皮破皮而有丝状物黏附,长期之伤害则会造成角结膜病变,并会影响视力。

长期面对电脑,近距离用眼,几乎是当下教师的通病。很多教师长期近距离用眼,长时间使用电脑备课、批改作业。不间断使用电脑极易产生疲劳,而工作又一直处于高度紧张状态,易造成睫状肌功能混乱,引起调节减退。

预防措施

为了避免干眼症的侵扰,教师更要有良好用眼习惯。比如:

多眨眼

眨眼是一种保护性神经反射动作,泪液层可以使泪水均匀地涂在角膜和结膜表面,以保持润湿而不干燥。一旦眨眼次数减少,直接导致泪水的量减少,而暴露在空气中的泪膜会快速蒸发,失去对眼球的保护力。

操作电脑、驾车、读书等长时间用眼时,提醒自己不要太过专注,花些时间眨眼睛。一般大多数人5秒钟眨一次眼,每分钟眨眼约20次。

注意用眼卫生

要注意用眼卫生，勤洗手，不要用手揉搓眼睛，用眼一小时左右休息一会儿，闭目养神，眺望远处。对眼睑上有油性分泌物、碎屑、脱落物的患者来说，要注意保持眼睑卫生。

养成合理使用电脑的习惯

长期应用电脑工作的人群，特别是年轻人应该注意及时治疗干眼症症状，减少使用电脑时间，避免连续长时间使用电脑。

使用电脑的姿势和距离也是很重要的，尽量保持在60厘米以上距离，调整一个最适当的姿势，使得视线能保持向下约30度，这样的一个角度可以使颈部肌肉放松，并且使眼球表面暴露于空气中的面积减到最低。

注意饮食

长期从事电脑操作者要多吃一些新鲜的蔬菜和水果，同时增加维生素A、B_1、C、E的摄入。为预防角膜干燥、眼干涩、视力下降、甚至出现夜盲等，应多吃富含维生素A的食物，如豆制品、鱼、牛奶、核桃、青菜、大白菜、空心菜、西红柿及新鲜水果等。

【健康小贴士】

护眼小偏方

金银花饮明目：

原料：金银花10克，车前叶10克，霜桑叶10克，白芷10克，白糖适量。

用法：将以上4味药物加水适量，煎汤(轻煎)，再加入白糖，代茶饮用。

功效：祛风清热，可治外感风热之目赤肿痛、多泪等。

菊槐绿茶饮明目：

原料：菊花3克、槐花3克、绿茶3克。

用法：将以上3味药物放入杯中，以沸水冲泡5分钟，每日可当茶水饮用数次。

功效：平肝潜阳，清热明目。

黑豆核桃粉治干眼症：

原料：将黑豆500克，炒熟后待冷，磨成粉。核桃仁500克，炒微焦去衣，待冷后捣如泥。

用法：取以上两种食品各1匙，冲入煮沸过的牛奶1杯后加入蜂蜜1匙，早晨或早餐后服食。

功效：能增强眼内肌力，加强调节功能，改善眼疲劳的症状。

鼠标手 ╱

概述

"鼠标手"通俗而狭义地讲就是"腕管综合征"，是指人体的正中神经以及进入手部的血管，在腕管处受到压迫所产生的症状，主要会导致食指和中指僵硬疼痛、麻木与拇指肌肉无力感。现代越来越多的人每天长时间地接触、使用电脑，这些上网族多数每天重复着在键盘上打字和移动鼠标，手腕关节因长期密集、反复和过度地活动，导致腕部肌肉或关节麻痹、肿胀、疼痛、痉挛，使这种病症迅速成为一种日渐普遍的现代文明病。有人将这种不同于传统手部损伤的症状群称为"鼠标手"。广义来说，一切因为使用鼠标而导致的上肢（手臂、手腕、手掌、手指）不适，都应该称之为鼠标手或是鼠标伤害，除了上述手指手部的症状，更包括肩部甚至颈部的不适、手腕和前臂的疲劳酸胀、手腕的僵硬、手掌的酸涩。

对于频繁使用双手的职业，比如：教师、编辑、记者、建筑设计师等，都可能遭遇腕管综合征的"毒手"。以往，批改作业多半会使教师常感手腕不适，而如今，随着电脑教学的普及，教师更是成为腕管综合征的主要患病人群。

症状

主要表现为手部逐渐出现麻木、灼痛，夜间加剧，常会在梦中痛醒。不少患者还会伴有腕关节肿胀，手动作不灵活、无力等症状。

下述症状的发生应高度怀疑鼠标手的发生：

1. 手掌、手指、手腕、前臂和手肘僵直、酸痛，不适。

2. 手部刺痛、麻木、冷。

3. 握力和手部各部位协同工作能力降低。

4. 夜间疼痛。

5. 疼痛可以迁延到胳膊、上背、肩部和脖子。

预防措施

1. 选用弧度较高、面积较宽的鼠标预防"鼠标手"。使用设计不当的鼠标或使用鼠标方法不当，都可能引起腕管综合征。

2. 为了预防"鼠标手"，平时应养成良好的坐姿。不论工作或休息，都应注意手和手腕的姿势。在使用鼠标时，应保持正确的姿势：手臂尽量不要悬空，以减轻手腕压力。

3. 加强手臂、手指的锻炼。如：

（1）手腕运动

腕伸动作——伸出左手，掌心向外，手指向上。右手握着左手四指，然后向后施力。保持呼吸，维持动作30秒。换右手做，重复2—3次。

腕屈动作——伸出左手，掌心向内，手指向下。右手按在左手掌背，然后向内施力。保持呼吸，维持动作30秒。换右手做，重复2—3次。

（2）直臂伸展

伸出双臂，与肩成水平，然后将左右手交叉紧扣，紧握十指。吸气，双臂向上伸展，维持姿势15—20秒。

功效：增强手腕的灵活性，伸展上背及上胸，减少肩膊酸痛。

提示：向上伸展后，保持双臂贴耳，手肘伸直。

(3) 手腕旋转

平伸双臂,握着拳头,以手臂为轴心,向内旋转拳头,连续转动15—20秒。完成后,反方向再做一遍。

功效:放松腕部肌肉,令手腕保持灵活和松弛手臂神经。

提示:肩膀和手臂保持稳定不动。

/ 教师"站"出来的常见慢性病 /

静脉曲张 /

概述

静脉曲张俗称"炸筋腿"是静脉系统最常见的疾病,形成的主要原因是由于先天性血管壁膜比较薄弱或长时间维持相同姿势很少改变,血液蓄积下肢,在日积月累的情况下破坏静脉瓣膜而产生静脉压过高,是血管突出皮肤表面的症状。静脉曲张多发生在下肢。

专家组据多年临床发现,除了长期站立因素以外,静脉曲张与长时间保持坐姿以及雌激素还有一定的关系。和男性不同,女性的静脉曲张大多发生在城市办公室人群。根据统计,台湾约有25%—40%女性、20%的男性患有静脉曲张的现象。老师、外科医师、护士、发型师、专柜小姐、厨师、餐厅服务员等需长时间站立的职业皆是高危险群。

教师由于长期站着上课,站立时间过长,教师们腿部肌肉长期处于紧张状态,使下肢血液回流受到影响,从而造成下肢肿胀、疼痛,严重者引起下肢静脉曲张,通常病变范围仅在下肢浅静脉,因其瓣膜功能不全、静脉壁薄弱,影响血液回流,引起静脉延长、弯曲、扩张。大多发生在大隐静脉，少数合并小隐静脉或单独发生在小隐静脉。下肢静脉曲张也是静脉系统最重要的疾病，也是四肢血管疾患中最常见的疾病之一。

症状及危害

主要症状表现为：

1. 表层血管像蚯蚓一样曲张，明显凸出皮肤，曲张呈团状或结节状。

2. 腿部有酸胀感，晚上重，早上轻；皮肤有色素沉着，颜色发暗；皮肤有脱屑、瘙痒，足踝有水肿。

3. 有腹水、肝脾肿大、呕血、黑便、双下肢广泛水肿，患肢疼痛，运动时加剧，有时静止时疼痛，夜间加重。

4. 肢体有异样的感觉，肢体发冷、肢体潮热，患肢变细、变粗。皮肤有针刺感、奇痒感、麻木感、灼热感。

5. 表皮温度升高，有疼痛和压痛感。

6. 趾(指)甲增厚、变形、生长缓慢或停止。

现在有很多研究表明，人体是个有机的整体。下肢静脉曲张不仅影响腿部功能，还会对全身产生不良作用，比如静脉血液淤积于腿部较多时，回心血量就会减少，导致血液流动不平衡而引发心脏问题，下肢静脉危害常见有以下几点：

1. 影响腿部美观。静脉曲张除了影响腿的美观外，发病初期，病人多有酸胀不适和疼痛；后期受损静脉隆起，扩张迂曲，以小腿大隐静脉行程为重。

2. 静脉损伤。长期静脉曲张的病人静脉壁薄弱，静脉压较高，加之局部供血不足引起肌肉、脂肪组织萎缩，静脉曲张凸现于皮下，轻度损伤即会发生溃疡，且易损伤静脉壁。

3. 水肿合并湿疹。由于静脉淤血引起组织水肿加重，进而发生皮肤湿疹性变化。

4. 溃疡。皮肤瘙痒，病人会情不自禁地搔抓，加重湿疹样改变，出现糜烂及溃疡。病程长者常有皮肤萎缩、脱屑、瘙痒、色素沉着、皮肤和皮下组织硬结，甚至有湿疹和溃疡形成, 有时可并发出血及血栓性静脉炎。

5. 坏死。这种溃疡多发生在内踝上部和小腿内侧下1/3处。由于组织供血不足, 溃疡周围组织变薄, 皮肤发黑变硬, 溃疡长久不愈。

预防措施

1. 像教师这样长期从事站立工作者, 应强调做工作体操, 或经常走动, 至少多做踝关节的伸屈活动, 使腓肠肌能发挥有效的泵作用, 促进下肢血液的回流, 以减轻浅静脉内的压力。

2. 应进行适当的体育锻炼, 在增强全身体质的条件下, 可利用工作间隙经常踢踢腿、勾脚、收缩小腿肌肉、蹲起、锻炼小腿肌肉, 可起到加强静脉管壁的作用。

3. 保持正常体重, 以免因超重使腿部静脉负担增加。

4. 保持脚及腿部清洁, 避免受伤。经常抬高双腿, 高于心脏水平, 并维持膝盖弯曲, 以促进腿部血液循环。

【成为自己的保健医】

健身气功八锦缎

八锦缎是中国古代流传下来的一种气功动功功法。八锦缎由八节组成, 体势动作古朴高雅, 故名。八锦缎形成于12世纪, 后在历代流传中形成许多练法和风格各具特色的流派。

八锦缎的体势有坐势和站势两种。坐势练法恬静、运动量小, 适于起床前或睡觉前穿内衣锻炼。站势运动量大, 特别适合教师来练习。站势八锦缎的练法如下:

双手托天理三焦　自然站立, 两足平开, 与肩同宽, 含胸收腹, 腰脊放松。正头平视, 口齿轻闭, 宁神调息, 气沉丹田。双手自体侧缓缓举至头顶, 转掌心向上, 用力向上托举, 足跟亦随双手的托举而起落。托举数次后, 双手转掌心朝下, 沿体前缓缓按至小腹, 还原。

左右开弓似射雕　自然站立，左脚向左侧横开一步，身体下蹲成骑马步，双手虚握于两髋之外侧，随后自胸前向上划弧提于与乳平高处。右手向右拉至与右乳平高，与乳距约两拳许，意如拉紧弓弦，开弓如满月；左手捏剑诀，向左侧伸出，顺势转头向左，视线通过左手食指凝视远方，意如弓箭在手，等机而射。稍作停顿后，随即将身体上起，顺势将两手向下划弧收回胸前，并同时收回左腿，还原成自然站立。此为左式，右式反之。左右调换练习数十次。

调理脾胃须单举　自然站立，左手缓缓自体侧上举至头，翻转掌心向上，并向左外方用力举托，同时右手下按附应。举按数次后，左手沿体前缓缓下落，还原至体侧。右手举按动作同左手，唯方向相反。

五劳七伤往后瞧　自然站立，双脚与肩同宽，双手自然下垂，宁神调息，气沉丹田。头部微微向左转动，两眼目视左后方，稍停顿后，缓缓转正，再缓缓转向右侧，目视右后方稍停顿，转正。如此数十次。

摇头摆尾去心火　两足横开，双膝下蹲，成"骑马步"。上体正下，稍向前探，两目平视，双手反按在膝盖上，双肘外撑。以腰为轴，头脊要正，将躯干划弧摇转至左前方，左臂弯曲，右臂绷直，肘臂外撑，头与左膝呈一垂线，臀部向右下方撑劲，目视右足尖，稍停顿后，随即向相反方向，划弧摇至右前方。反复数十次。

两手攀足固肾腰　松静站立，两足平开，与肩同宽。两臂平举自体侧缓缓抬起至头顶上方转掌心朝上，向上作托举劲。稍停顿，两腿绷直，以腰为轴，身体前俯，双手顺势攀足，稍作停顿，将身体缓缓直起，双手右势起于头顶之上，两臂伸直，掌心向前，在自身体两侧缓缓下落于体侧。

攒拳怒目增力气　两足横开，两膝下蹲，呈"骑马步"。双手握拳，拳眼向下。左拳向前方击出，顺势头稍向左转，两眼通过左拳凝视远方，右拳同时后拉。与左拳出击形成一种"争力"。随后，收回左拳，击出右拳，要领同前。反复数十次。

背后七颠把病消　两足并拢，两腿直立，身体放松，两手臂自然下垂，手指并拢，掌心向前。随后双手平掌下按，顺势将两脚跟向上提起，稍作停顿，将两脚跟下落着地。反复练习数十次。

成功的秘诀就在于懂得怎样控制痛苦与快乐这股力量，而不为这股力量所反制。

如果你能做到这点，就能掌握住自己的人生；反之，你的人生就无法掌握。

——世界潜能激励大师安东尼·罗宾

/ 教师的情绪调节与身心修炼

【案例引导】

教师为何总是"情绪失控"

这是一个颇显沉重的话题。

2011年12月16日,江苏苏州一所民办小学发生了一起班主任在课堂上要求学生们互扇耳光的变相体罚事件。当事班主任称自己是为孩子们好,并表示"我又没有动手打他们"。学校则回应称该老师现已被停职,而相关教育部门也表示如果此次事件处理不好,或撤销该校备案资质。

同年11月初,广州荔湾区芳村一所农民工子弟学校的两名五年级学生,仅仅因为坐校车迟到几分钟,就被老师要求互相扇耳光长达3分多钟,其后还被老师再次打了数个耳光。事后,这个"90后"年轻老师十分后悔自己的冲动行为,认为自己当时太激动了。

同年11月29日,陕西省旬阳县磨沟幼儿园园长、代课老师薛同霞,因小朋友不能完整地背诵课文,便用火钳将孩子们的手、屁股等部位烫伤,被烫伤的孩子共有10个。事后,薛同霞也是很后悔,表示自己当时不知为何,情绪就失控了。

而此次,因为几个孩子调皮,结果竟变成集体互扇耳光事件,大概也属"情绪失控"。当事班主任和薛同霞一样,此前都没有什么"不良记录",还可以说是不错的,但突然间就在自己身上发生了一件震惊人的事件，这就有些令人匪夷所思了。一般来说，教师轻微体罚学生的情况，应该是多少都有存在着，不过，尽管如此，老师一般也不会故意去伤害孩子们，但演变成新闻，变成恶性事件的，一而再发生，就不免要让人思考该怎样来预防，以及当前的解决方式是否真的有效。

以上新闻内容在各大媒体中并不鲜见，这从一个侧面反映出教师的情绪的确需要我们的关注，然而，仅仅是情绪的问题吗？

"每天都像打仗一样"、"站了一整天，再也没力气、也没心情买菜做饭了"……我们经常可以听到老师们这样"抱怨"。工作节奏快、压力大已成为导致教师心态失衡的"罪魁祸首"。具体表现为，社会压力带来的焦虑感、紧张感；学校压力带来的抱怨感、倦怠感；学生压力带来的困惑感、危机感；同行压力带来的不安感、落差感；自身压力带来的自卑感、无助感等。

有这样的一项调查比较耐人寻味。对100名中小学教师进行调查"你热爱学生吗？"90%以上的教师回答"是"。再向这100名教师所教的学生进行调查"你体会到教师对你的爱了吗？"回答"体会到"的仅占10%。学生看法与教师期望有着较大的反差。这项调查反映出不少教师日常工作中的困惑和挫败感。十年树木、百年树人，教师工作的成就感不能"立竿见影"，往往经过一个缓慢的阶段才能逐渐显现，这也让不少教师在辛苦的付出与心理成就感之间形成落差，进而影响心理健康。

有这样一则报道更加引人深思，青岛一位优秀教师，在近20年的教学生涯中，一贯对学生呵护有加，颇受学生、家长爱戴。然而有一天却因一学生上课时过于调皮、捣乱而勃然大怒，不能自己，情绪失控，对学生造成了身体和精神伤害。据业内专家分析，产生这种现象的根本原因是多年累积下来的"心理疲惫素"并发。更耐人寻味的是，一位因体罚学生而被学校开除的教师，在被开除之后反而觉得心里轻松了许多，"我心里可以解脱了，不用再承受社会给予我那么大的重压了。"

有关记者了解到，尽管导致教师心理问题的原因不尽相同，但表现症状却很相似：

一是怨职情绪，即不热爱本职工作，对教学工作缺乏热情。

二是生理和心理的一系列症状，如抑郁、焦虑，以及各种伴随着心理行为问题而出现的躯体化症状，如失眠、头痛、食欲不振、咽喉肿痛、腰部酸痛、呼吸不畅、心跳过速等。

三是缺乏爱心和耐心，因成绩不好就埋怨学生不好好学习，体罚、打骂学生或者进行口头羞辱，夸大学生的问题，处理问题简单粗暴。

四是职业倦怠，主要特点是对教育和教学工作退缩、不负责任，情感和身体的衰竭，易怒、焦虑、悲伤和自信心降低，表现为情绪衰竭如疲劳、烦躁、易怒、过敏、紧张；对学生和教学工作态度消极、冷淡和缺乏感情反应；个人成就感降低，难以从工作中体验到积极情绪。

有这样一种现象：父亲在公司受到了老板的批评，回到家就对正在做饭的妻子没有好脸色；妻子莫名其妙心中委屈，就把沙发上跳来跳去的孩子臭骂了一顿；孩子心里窝火，狠狠去踹身边打滚的猫；猫逃到街上，正好一辆卡车开过来，司机赶紧避让，却把路边的孩子撞伤了。这就是心理学上著名的"踢猫效应"，描绘的是一种坏情绪的传染。人的不满情绪和糟糕心情，一般会沿着强弱组成的社会关系链条依次传递，由金字塔尖一直扩散到最底层，无处发泄的最小的那个元素，则成为最终受害者。

在教育过程中，我们也常常看到类似现象。教师因为某种原因情绪低落，低落的情绪会不自觉地带入教学活动，给学生的学习效果和心情造成消极影响。教师在学校往往承担着多重角色，知识的传授者、日常工作的管理者、学生的心理调节者和朋友……如此多的角色定位，以及"为人师表"的要求，往往使得教师在学校工作的过程中，压抑和控制自己的负面和消极情绪。久而久之，坏情绪的不断累积加之缺乏合适的疏通渠道，就造成了坏情绪的"零存整取"，突然爆发。因此，对于教师小的心理问题的及时有效疏导极为重要。

教师也是一个特殊职业，教师的心理健康状况是教师整体素质的集中表现，也是影响教育教学效果最直接和最关键的因素。教师职业的特殊性要求教师能够处理好各种角色冲突，正确地对待压力与挫折，把握好情绪的阀门，不断地进行性格的自我完善，树立正

确的教学观、人才观与学生观，并具备对学生进行心理健康教育的能力。

/ 教师不良情绪的表现及影响 /

上述案例描述了这样一些教师：他们也终日忙碌劳心劳力，他们也要应对工作和生活的各种琐事，他们也是诗人口中的"春蚕"、"蜡烛"，但他们在某些时候却因没能控制住自己的情绪而对学生、对自己做出了令人不可思议的事情。"情绪失控"是他们对自己在当时状态的描述，诚然，每个人都或多或少会有情绪失控的时候，但作为教师，对学生的"情绪失控"造成的结果却是任何一个人都不想看到的。有人说，负面情绪就是一道藩篱，束缚我们的发展与成长；正面情绪就是一双翅膀，帮助我们飞向梦想的地方。战胜自己的情绪吧，教师们！首先，我们要认识——何为情绪。

从心理学视角看情绪 /

睡了个好觉，感到十分满足；早上走出门，阳光不错，心里面暖洋洋的；上班路上看见满路的行色匆匆，不免也收拾起慵懒的心；想到昨天有一节课不甚满意，决定今天一定要完善；有个学生没交作业，他已经三次没有按时完成作业了，有点恨铁不成钢……每个人每天都会表现出很多种不同的情绪。但是，情绪，你真的认识它了吗？

情绪的定义

从心理学角度看，情绪是以个体的愿望和需要为中介的一种心理活动。当客观事物或情境符合主体的需要和愿望时，就能引起积极的、肯定的情绪，如渴求知识的人得到了一本好书会感到非常满意、生活中遇到知己会感到欣慰、找到志同道合的伴侣会感到幸福等；当客观事物或情境不符合主体的需要和愿望时，就会产生消极的、否定的情绪，如逝去亲人会引起悲痛、无端遭到攻击会感到愤怒、工作失误会出现内疚和苦恼等。

【心理课堂】

情绪的分类

在我国，古代将情绪分为喜、怒、哀、惧、爱、恶、欲。现代心理学家将情绪分为基本情绪和复合情绪，复合情绪由基本情绪的不同组合派生而来，快乐、愤怒、悲哀和恐惧是四种核心（基本）情绪。

快乐包括：自豪、欣喜、幸福、喜悦、欢乐、轻松和欢天喜地、心满意足、怡然自得等，快乐的极端是狂躁。

愤怒包括：愤慨、苦恼、烦恼、烦躁、怨恨、狂怒、敌视、激怒、极端状况是恨之入骨。

悲哀包括：忧郁、寂寞、沮丧、悲伤、难过、阴郁、绝望、多愁善感，极端状况是抑郁。

恐惧包括：紧张、顾虑、急躁、警觉、焦虑、畏惧，极端状态是恐惧症。

复合的情绪如嫉妒、自信、沉着、自满、懒散等。其实，情绪没有绝对的划分，有些情绪难以归于哪一类。[1]

情绪的功能

要想真正认识一个人，肯定不能只是知道名字就可以，还要进一步对其加深了解。情绪对人的心理究竟有何作用？可以说，情绪一经形成就会对个体的其他心理活动产生重要影响。让我们来看看情绪状态给人们带来的惊人之举：

请参加实验者手握握力计，在3种不同的条件下测试其握力大小如何。条件一为一般清醒状态，参与实验者平均的握力为101磅；条件二为催眠状态，参与实验者平均握力仅为29磅；条件三为暗示状态下，实验者暗示每一位参与实验的人均有巨大的力

[1] 汪龙光著. 掌控情绪的心理学. 化学工业出版社. 2010.8.

量,结果参与实验者平均握力竟达到了142磅。

情绪对人的行为和活动的影响,主要通过情绪的三个功能起作用,这三个功能分别是:动机性功能、信号性功能、感染性功能。

情绪的动机性功能

情绪的动机性功能是指情绪能激发人的认知和行动的动机。人的认识过程需要动机,动机的强弱又与动机信息的大小相关,情绪使得动机信号得以放大、提高和补充,因为情绪体验总是附加到动机之上,两者合并之后,处于唤醒和计划状态以备认知。如小王是一位青年教师,他为他是否应该去参加学校组织的"青年教师课堂教学竞赛"而苦恼,在这个例子中,竞赛信息就是小王面临的动机信息,小王的不同情绪会导致其对该信息的情绪反应和行动都不会相同。如果小王参赛动机很强烈,那么他就会情绪高涨、积极准备,不断积累提高自己;如果小王不想参赛,那么他就会情绪低落,甚至可能会回避与该信息有关的其他信息。

情绪的信号性功能

情绪的信号性功能是指情绪是人的思想意识的自然流露。各种各样的表情都有一定的信号意义,这种信号有助于人与人之间的相互了解,即使在语言互不相通的情况下,仅凭借表情,人们也是可以相互交流的,要不然的话,"察言观色"就没有意义了。在教学过程中,伴随着师生各自认知过程与相互之间的认识过程,通过教学信息的传递,师生之间的教学活动其实也伴随着情绪认知活动。教师有必要从学生的表情上去了解学生的学习状况,以便获得反馈信号,从而反思与改进自己的教学方法;学生也有必要从教师的表情去了解教师对教学信息的反应以及教师对学生学习的认可程度。

【扩展阅读】

教师表情大观

比较常见的较好的表情种类:

亲切型　教师面带微笑,和蔼可亲,使学生感到可亲可信,缩短师生间的心理距离,双方很容易进入角色,以友好的朋友态度互相合作、互相学习,真正成为良师益友。

严肃型 教师神态持重、稳定，对学生要求严格，对违纪学生严肃处理，对好学生也及时表扬。对于这类表情，开始学生也许有些畏惧不适应，但一段时间后会逐渐接受的。

生动型 教师表情富于变化，课堂上讲到悲痛时面带忧伤，讲到慷慨处情绪激昂，讲到喜悦处满面春风。这种表情容易调动学生情绪和学生积极性，以情感人，师生双方达到情感上的共鸣。对于这种表情的运用，如果缺乏丰富的教学经验和较高的业务水平，很难驾驭自如。

教学过程中不适当的表情种类：

紧张型 有些年轻教师由于教学经验不足，心理素质稍差，走上讲台便脸红心跳，手足无措，眼神不敢正视学生，讲话不流利，学生听起来不舒服，心里只顾替老师着急，期待更早下课，其教学效果可想而知。

冷漠型 这样的教师有的是由于性格，有的是因为缺乏耐心，于是对学生态度冷淡，让学生感觉心理距离远，难以交流和沟通，冷冷的气氛中学习兴趣难以提高，大脑不能高度集中，教学效果不会很好。

冲动型 一些教师感情控制能力差，易把工作上、生活中的情绪带入课堂，而且因周围环境的影响而性格变化无常。高兴时，眉开眼笑；不高兴时，脸色阴沉，稍不注意，便向学生发火，喋喋不休。

随意型 有的教师不注意场合，上课嘻嘻哈哈、随随便便，常在课堂上讲与上课无关的笑话轶事，片面追求一种气氛的活跃。学生学不到扎实的知识，白白浪费时间，反而养成马虎散漫的习惯。

生硬模仿型 一些教师找不到自己的形象定位，又急于求成，于是生硬地模仿老教师或名师，结果运用不得体，反而滑稽可笑。[1]

情绪的感染性功能

情绪的感染性功能是指人们之间感情的沟通需要情绪的感染，而人接受客观事

[1] 引自http://www.cylhxx.com/wangyewenjian/lunwen0.htm《谈教师的表情》选编

物所带来的刺激而引发的情绪体验也具有感染性。情绪的感染性功能充分说明，人们在认知过程中会以情动情、情景交融，引发人们对认知过程的集中注意或分散注意，从而影响认知的效率。现代心理学认为，愉快、适度平稳的情绪能使中枢神经活动处于最佳状态，保证体内各系统的协调一致，充分发挥机体的潜能。因此一堂好课，应是教师心情良好、语言凝练、比喻生动、例证翔实、板书工整的；学生应是聚精会神、认真思考、踊跃发言的。

教师不良情绪的分析 ／

教师不良情绪产生的原因

良好的情绪生活是教师成功教育学生和维护自身身心健康的基础。教师的任何不良情绪都会影响其自身对知识的讲授和学生对知识的领悟，从而大大降低课堂教学的效果。那么教师为什么会有不良情绪呢？总的来说有以下三种原因：

身体原因

身体是情绪的载体，身体状况不好会连带情绪也不好。如教师患有生理疾病，或长期身体虚弱，或偶尔因为某事没休息好，还有女教师的生理周期等，都会对教师的情绪产生不良的影响。

情绪波动

一个健康的人一天的情绪也是不断变化的，一个人的生理节律不同，情绪变化的规律也不一样。

环境影响

在生活、工作中遇到困难、遭受挫折时，当领导对待自己不公平时，当与同事或夫妻闹矛盾时，当工资待遇、住房、职称评定没能满足要求时，个体都会情绪败坏。不仅这些环境因素会影响教师的情绪，学生也是非常重要的一个影响源头。比如说一个教师本来心情不错，但当他走进教室，发现学生乱作一团，满屋狼藉时，无名火会突然升腾；在他讲课时有的学生可能会调皮捣蛋，可能会不认真听讲，或者死气沉沉无论怎么讲解也没反应，教师的情绪也会受到影响。

教师不良情绪的表现

在教学活动中，教师起主导作用，所以教师本身的情绪对教学活动的影响是很大的，尤其是在学生学习积极性和自觉性不高的情况下更是如此。传统的观点只注重教师对教育对象的调节、控制和改造，注重教师对输出手段的选择，而忽视了教师自身的主体因素，尤其是教师的情绪方面素质的优劣对教育教学活动的影响。

【扩展阅读】

教师的不良情绪在课堂上的一些表现

对家庭背景各异的学生采取不同的态度，不能一视同仁；

对回答不上问题的、学东西慢的、做事经常遇到困难的学生，有的教师常说"你真笨"一类的话；

有的学生举了手却没有回答上问题，老师不是鼓励其发言的积极性，启发学生思考，而是说"你就会瞎举手，你什么都不行"；

对因想到答案便大声说出或"接下碴"打断了老师讲话的学生，寻找机会提出高于学生知识面的问题，使其回答不上来，羞辱他，损其自尊；

有的教师言而无信，说话不算数，许愿不实现，搪塞学生；

对乖且听话、守秩序的学生的作业给分稍高；

对不注意听讲的学生给分较低，对平日行为不检点者，想办法扣分或挑剔；

对不同学生同样的违纪行为，处罚有差异；

学生上课不专心听讲，就将学生赶出教室，并且说："你不愿意听就给我滚出去。"

学生上课稍微分心，教师就大声斥责"XXX"你给我站起来；

教师不在教室时,让小组长记下不守秩序学生的名字,课后交给老师;

上课秩序不佳就罚全班,或用"连坐法",少数人的违反纪律招致全班受处分;

学生没有遵守纪律,就罚写作业;

上课时大声吼叫或用教鞭之类的东西拍桌子,来阻止学生的吵闹;

学生不可反驳老师的意见,教师的一切都是好的,任何事情都以教师为依据;

教师如发现自己有问题时,如自己所教学科所教班级考试成绩不理想,便迁怒于学生,体罚学生,或向学生散布对其他教师的意见。[1]

在实际教学中,教师的不良情绪表现主要有以下几种:

易怒

愤怒是由于主体愿望的实现受到客观事物的阻碍而产生的情绪反应,根据愤怒程度的不同,可以由不满——生气——恼怒——激愤——愤怒——暴怒来演变。愤怒对教师的健康有不利影响,经常激动易怒会导致教师心率失常、心悸、失眠、高血压等身心疾病,还会使教师的意识范围缩小,只关注当下引起他愤怒的人和事,自制力受到削弱,从而引发像前文案例中描述的教师的不理智的冲动行为。教师有时候情绪冲动,有时会牢骚满腹,常对学生发无名火,学生的情绪就会被压抑,从而对学生思维的积极性产生负面影响。

压抑

压抑是当情感被过分克制约束、不能适度表达和宣泄时所产生的内心体验,它混合着不满、苦闷、烦恼、空虚、困惑、寂寞等多种情绪。处在压抑状态中的教师常常情绪低落,精神萎靡,对生活失去兴趣,不愿主动与人交往,感觉迟钝,容易疲劳、不满和爱发牢骚。他们讲课时提不起精神,语音低沉,索然乏味,导致课堂气氛沉闷,学生也缺乏生气和活力。

[1] 引自http://guizhou.gp2011.teacher.com.cn/GuoPeiAdmin/UserLog/UserLogView.aspx?UserlogID=40236

抑郁

抑郁是一种由情绪低落、冷漠、悲观、失望等构成的复合性情绪。在情绪方面表现为沮丧,长期陷入情绪低潮,看上去精神萎靡,表情冷漠,忧心忡忡,愁眉不展,极度忧伤。教师的抑郁主要表现在对教育教学工作失去热情和兴趣,学习工作感到没有精力,讲课照本宣科,没有激情,教学活动中缺乏创造性,没有快乐体验;对教育教学过程中出现的问题置之不理,听之任之,放弃自己的努力,不关心学生,学生爱会不会;感到自己没有能力,自己的存在没有价值,干什么都没意思,觉得做教师没有前途,甚至唉声叹气;睡眠不好,入睡困难、睡眠质量差。

紧张

适度的紧张有益,但过度的紧张将会对人体产生抑制作用,过度的紧张情绪是自我体验到的一种难以自制的心慌、不安、激动和烦躁的情绪。它是由一定环境对个体所产生的压力而引发的反应。紧张经常产生于人们知觉到的各种不同的要求和自己的能力之间的不平衡,即自己感觉到自己的能力太小,以至于无法解决需要解决的问题或无法完成需要完成的任务。如刚毕业的师范生要开始讲授他人生中的第一堂课,或一位青年教师即将开始他精心准备的面向全校的公开课,他们都会体验到紧张情绪。紧张对人的影响较大,虽然适度紧张有助于完成任务,但过度的长期紧张会损害人们的健康,妨碍工作效率。

冷漠

冷漠是个体受到挫折后的一种自我保护性的消极情绪反应。在教师身上的具体表现有对事无动于衷,对学生热爱不起来,对自己的职业缺乏兴趣,对付应对,得过且过,对周围人缺少感情,工作平庸。冷漠状态对教师的身心健康有很大危害,它往往是个体压抑内心情感与情绪的一种集中而强烈的表现,他们虽然表现冷漠,但内心痛苦、孤独、寂寞、不满。当巨大的心理能量无法宣泄无法释放时,就会引起各种心理疾病和心理障碍。

教师情绪对学生的影响 ／

教学是由教师与学生组成的双边活动,在教学的过程中,只有教师和学生都表现出积极的情绪,教学的效果才会最好。而在这个过程中,起主导作用的应该是教师,显而易见,教师的情绪必然对学生学习知识和学习技能起重要的作用。教师的情绪无论是积极还是消极,都会通过教师的表情、语言和行为反映出来,并具有一定的感染效应,最终作用到学生身上。所以在教育教学过程中,教师的情绪对学生的心理变化起着调控作用。

教师积极情绪对学生学习的影响

新教育改革强调的是"愉快教育",要让学生在轻松、愉快的环境中掌握知识,使学生爱学、乐学、好学、学好。那么怎样才能使学生获得"愉快教育"呢?如果教师都达不到"愉快教学",学生岂能"愉快"?在教学中教师的积极情绪主要表现在语言生动、表情自然亲切、精神饱满、声音洪亮且讲解清晰、示范正确具有美感。教学中常用肯定的语言鼓励学生,课程的内容严谨多样,教学态度认真,善于与学生情感交流等。

教学实践和有关研究都说明,教师在教学过程中的情绪积极饱满,能调动学生学习的积极性,对学生掌握知识有很大帮助,反映在学生学习活动中,学生能主动、积极地参与到教学过程中来,喜欢向教师提出问题,求知欲强,思维活跃,特别是教师丰富而形象的语言和优美正确的示范,能激起学生联想、想象或记忆表象恢复。学生的这些心理变化对加快学习进程在一定程度上起着比较关键的作用。如在课堂上,教师的一个赞许的微笑、一个鼓励性的点头、一个肯定的眼神,都能激起学生的学习热情。再如对待学习成绩不好的学生,教师的积极情绪也会使他们感受到教师对他们的信任和重视,从而使他们减少或消除心灰意冷的心理状态,增强学习知识的信心。

教师消极情绪对学生学习的影响

据研究,消极的情绪情感会降低人的智力水平,引起行动的迟钝和精神的疲倦,进取心丧失,严重时会使自我控制力和判断力下降,意识范围狭窄,正常行为瓦解。可见消极情绪能给人带来很大的危害。在教学中教师的消极情绪主要体现以下几个方面：一是情绪低落，无精打采，声音低沉无力，索然无味，课堂气氛死气沉沉；二是教师心里烦躁，心不在焉，注意力难以集中，讲课时漏洞百出，导致学生思维混乱，难以理解，对学习失去兴趣；三是教师有时不能控制冲动情绪，对学生无故责骂，学生情绪压抑，思维的积极性受挫。

教师如果以消极的情绪对待教学，无疑会在学生心理上造成压抑和紧张，对学生的影响十分巨大。首先，会使学生在学习过程中形成学习的情绪障碍。所谓学习情绪障碍，是指在学习活动中，影响个体正常学习行为和活动功效的消极情绪状态。这种障碍一旦形成，学生在课堂上就会表现出对学习内容失去信心，且缺乏学习热情，过分紧张，甚至对学习活动产生恐惧心理，从而不愿上学或有意躲避学习等。其次，教师的消极情绪会限制学生大脑皮层的思维活动，使他们的想象力、思考能力下降，进而影响学生们对所学知识的掌握。如在教学中教师对学生的不良表现或对后进生，不能耐心引导和鼓励，反而大声斥责、讥讽，就会伤害学生的自尊心，使学生对教师抱有成见，进而讨厌该教师所教授的科目，甚至厌学。

所以说，教师在讲课的过程中除了对课程内容要游刃有余，对自己的情绪情感也要有良好的掌控。情绪情感是从内心中流淌出来的，并不是虚伪的伪装，所以教师还是要从内心中爱学生，爱教学，这样才能发挥自身积极情绪的力量，完善课堂教学质量。

/ 远离各种情绪性心理疾病 /

每个人都会有这样或那样的情绪，教师也是这样。面对繁重的日常工作、琐碎的生活事件、调皮捣蛋的学生……教师会有一些负性情绪是十分正常的事情。只要调控得当，教师的这些负性情绪就会如同夏日午后的一场急雨，不会给教师自身和学生带来太严重的后果。当然，凡事都会有一个量变到质变的累积过程，如果教师的负性情绪得不到合理的宣泄或

释放, 其累积的后果也是十分严重的, 我们最不想看到的后果就是负性情绪会演变为情绪性心理疾病。接下来我们就来认识几种教师常见的情绪性心理疾病, 防患于未然。

焦虑症 /

认识焦虑症

心理学认为, 焦虑症是指持续性精神紧张或发作性惊恐状态, 常伴有头晕、胸闷、心悸、呼吸困难、口干、尿频、尿急、出汗震颤和运动性不安等症状。焦虑就是无明显原因的恐惧、紧张发作, 并伴有植物性神经功能障碍和运动性紧张。焦虑情绪有以下主要表现:

(1) 心神不宁: 做任何事情都好似处在恍恍惚惚之中, 不能集中精力工作; 心神不宁, 坐立不安; 睡眠障碍, 严重失眠, 经常在噩梦中惊醒。

(2) 心情烦躁: 在很多情况下, 没有明确的原因就会感到非常焦虑、躁动; 莫名的惆怅, 心里总是笼罩在乌云之下, 很少有快乐的感觉。

(3) 情景焦虑: 在特定的场合中, 出现超出常规的担心、心情悲凉、情绪波动等情况。

在日常生活中, 任何人都有过焦虑情绪的体验, 这种焦虑可能是暂时的或情景性的, 并没有给人带来长久的影响, 也称为生理性焦虑。当焦虑的严重程度和客观事件或处境明显不符, 或者持续时间过长时, 就变成了病理性焦虑, 称为焦虑症状, 符合相关诊断标准的话, 就会诊断为焦虑症 (也称为焦虑障碍)。

【心理测验】

焦虑自评量表

若为正向评分题, 依次评为1、2、3、4分, 若为反向评分题 (标有*者), 评为4、3、2、1

分。总分为20个项目得分相加, 经过换算即总分乘以1.25后取整数部分得标准分。

我觉得比平时容易紧张和着急	我因为一阵阵头晕而苦恼
我无缘无故地感到害怕	我有晕倒发作或觉得要晕倒似的
我容易心里烦乱或觉得惊恐	*我呼气、吸气都感到很容易
我觉得我可能将要发疯	我手脚麻木和刺痛
*我觉得一切都很好, 也不会发生什么不幸	我因为胃痛和消化不良而苦恼
我手脚发抖打颤	我常常要小便
我因为头疼、头颈痛和背痛而苦恼	*我的手脚常常是干燥温暖的
我感到容易衰弱和疲乏	我脸红发热
*我觉得心平气和, 并且容易安静坐着	*我容易入睡, 并且一夜睡得很好
我觉得心跳很快	我做噩梦

按照中国常模结果, 焦虑自评量表标准分的分界值为50分, 其中50—59分为轻度焦虑, 60—69分为中度焦虑, 69分以上为重度焦虑。[1]

该量表的结果只能作为一项参考指标而非绝对标准。

除以上量表自测, 在临床上焦虑症还有以下诊断标准:

(1) 反复出现无明确原因、对象或内容的恐惧、紧张不安等情感体验, 并伴有运动性不安和植物神经功能亢进等躯体症状。

(2) 自知力完整, 要求治疗。

(3) 病程持续1个月以上。

(4) 病前性格特征、精神因素及家族中有类似发作者等均有助于诊断。

(5) 已影响患者的工作、学习和生活。

(6) 排除癔症、抑郁症、精神分裂症、心脏病及其他躯体疾病和精神疾病伴发的焦虑状态。[2]

教师产生焦虑的原因

在教师身上表现的焦虑可能是一种生理性焦虑, 也可能是一种病理性焦虑。教师

[1] 国家职业资格培训教程《心理咨询师 (三级) 》. 民族出版社. 2005.8.

[2] 刘素梅主编. 教师必备的心理素养. 东北师范大学出版社. 2010.8.

之所以有焦虑存在，是由教师职业本身的特点所决定的。

首先，繁重的工作使教师紧张不安，不良的激励机制让教师心理不平衡，日积月累无处发泄，由此所带来的不良情绪会被教师带入课堂，也易带着不良情绪与学生交往。请看江苏省南京市某小学王老师的工作表：

7:25—8:00到指定岗位值班；

9:25—10:10上课；

12:05—12:30到岗值班；

12:40—13:40照看三个班学生的午休；

13:40—14:00到指定岗位值班；

15:10—15:55上课；

16:10—17:30指导学生做功课；

17:30—18:00清场。

由于人手有限，为了最大程度地保证学生的教学、活动安全，每一节课下课后，教师们都要到指定岗位值班。除了一天的教学和值班任务，王老师还要抽时间备课、批改作业、修改学生习作、指导校刊的出版……王老师平均每天工作10小时到12小时。

这样繁重的工作很难有时间让老师的心灵得到放松和休憩，焦虑自然产生。

其次，教师的工作具有高度的暴露性，可以说没有哪一种职业像教师职业那样广泛地受到监督。在课堂上，教师会接受每一名同学的直接监督，这相对来说还算好一些，因为毕竟学生是带着吸纳知识的心情来"监督"教师的工作的，更让教师感到焦虑的应该是家长和学校行政人员甚至是社会的监督。倒不是说教师的教学本身禁不起推敲，实际上除了少数不负责任的教师，哪个教师都算是"千锤百炼"了，但这些监督的眼睛背后的心情并不单纯是"监督"，还有"审视"，甚至是"挑剔"。人们还常常把学生的失败归结于教师，认为是由于教师的不努力，培养出来的学生不能适应社会，在校生或毕业生不能应付各种事物，或学生成绩不佳，或学生没有礼貌，缺乏社会公德等等。教师受到的这些指责往往引起教师对教学工作的焦虑，尤其是对于那些缺乏自信心的教师，这种指责往往会使其非常焦虑。

第三，教师会担心学生没有学会自己想教给学生的东西，恨铁不成钢也会使教师产生焦虑。教师总是想尽力帮助学生，不仅是使自己的工作有成效，更加希望学生能真正学到一些东西，获得良好的发展，少走一些人生的弯路。但学生的学习结果常常出乎预测，很不稳定，这就导致教师经常为学生的学习担忧，害怕学生达不到既定要求，没有好的学习成绩。此外从教师自身来说，其个人心理素质以及其从事教育工作的知识基础和教育能力，其以往的应对策略或教学经验，都可能导致教师产生焦虑。

第四，学校升学率的"十字架"也是导致教师焦虑的重要原因。对教师而言，升学率和家庭的双重压力使其不堪重负，致使许多教师积劳成疾，未老先衰。尤其是在很多学校中，为了追求高升学率，把学生的分数同教师的利益联系起来，频繁进行考试与排队，并且把升学率同教师的待遇和工作岗位挂钩，甚至搞"末位淘汰制"，导致一些教师弄不好就会丢掉工作。如此对于许多教师无疑是具有灾难性的，极易使教师焦虑、烦躁、苦闷、彷徨、失眠，精神世界一片灰暗，甚至导致各种神经症的产生。

【案例再现】

焦虑班主任　比学生压力还大

32岁的王老师，去年开始担任某校初三班主任，眼看距离中考还有3个多月，她越来越感到心有余而力不足。

平时上课时，王老师还能每天都盯着学生，心情随着学生模拟考试的成绩而波动，成绩好了，她会非常兴奋，滔滔不绝。当成绩不理想时，尤其是几个好学生考砸了，就变得比较烦躁，很容易发脾气，对学生的批评经常有过分的言辞。可一放假，王老师恨不得还能有两只眼睛盯着学生，发邮件、发短信、打电话，想让学生在家跟在学校一样地学习。

"尽管我知道我再怎么苦恼再怎么担心也无法帮助我的学生考出好成绩，但是还是不能安心。"王老师焦虑地说。[1]

教师焦虑对学生的影响

　　教师的焦虑程度不仅影响教师自身的身心健康，也会极大地影响学生的学习效果乃至于学生的心理健康。实践证明，适度的焦虑具有动力作用，会使教师对待工作更加认真负责，更积极地投入到教学工作中去，从而使教学效率提高，同时还可以使人经常体会到一定程度的焦虑，并获得成功的应对经验，提高人适应压力的能力。但是过度或长期的焦虑对教师的身心健康和教学工作都将产生消极的作用。

　　过度焦虑不仅会使教师的活动效率下降，不良的性格特征得到发展，其焦虑情绪还会传染给学生。通常教师对教学工作的焦虑水平越高，其对教学的控制感越强，此时教师往往对学生进行严格的指导并控制学生的行为，不允许学生有创造性的活动倾向，以此来得到教师所期望的回答，教师不是鼓励学生自己去寻找答案，而是要求学生按照教师所传授的知识来解决问题。于是学生逐步学会循规蹈矩、死记硬背，没有理解也没有创造性，学习中缺少了主动性和灵活性。如此下去不仅会使学生的学习变成被动、没有责任心、缺乏自觉性的学习，还会使学生养成不良的性格特征。学生的不良学习状态必然会导致不良的学习效果，这又导致教师焦虑水平的进一步上升，导致了恶性循环。

　　除以上所述，教师的焦虑对教师还会产生另一种影响，即一旦教学中出现错误或失误，教师不愿从自身的角度省察，反而是从学生或外界因素中寻找原因，由此也就不难理解教师和教师群体对于批评过于敏感，即使是对于具有建设性的合理的批评也是这样。实验证明，在焦虑状态下，教师把学生好的学习成绩常常归功于个人的功劳，而把学生的失败归咎于外界条件和学生。这不利于良好师生关系的建立，容易导致师生关系对立，学生不易接受教师的意见和批评且情绪低落或急躁，还会形成对他

[1]　选自《钱江晚报》2010.2.27《初三女教师患上开学焦虑症　郁闷时就猛敲键盘》.

人的敌意或逆反心理,甚至自卑、反抗,最终会影响学生的人际交往、良好心境的保持,不利于学生的心理健康。

战胜焦虑

焦虑对于教师来说既有益处也有害处,所以教师应该正确对待焦虑以及由焦虑所引起的心理反应以降低焦虑程度,使其能保持一个适度的水平。这样既有利于教师的身心健康,又有利于学生的心理健康。

教师要正确认识自身能力的有限性

千百年来,人们总是认为教师应该是表率和榜样,"学为人师,行为世范"。人们普遍认为教师的知识水平、工作能力是不可比拟的,对教学活动中遇到的问题应是无所不能的。但教师岂是完人?如果教师对自身期望过高,很多事情赶鸭子上架,势必会增加其心理负担,提高焦虑水平。所以说,教师要正确认识自身能力的有限性,摆正自己的角色。比起传授学生具体知识而言,更重要的是要做好学生的导师。不一定所有事情教师都要亲力亲为,但一定要把握好方向,教师要有所为有所不为,这样才会避免产生过度的焦虑。

教师要学会调节情绪

如果教师长期烦恼或郁闷,为工作担忧,害怕失败,就会使教师过分自律和对学生过于苛刻。在工作中或教学上出现任何过失或不足,教师都会对自身极大不满,对学生也极大不满,这样的结果必然会导致师生关系恶化,最终也会影响教师的教学和教师的身心健康。教师要学会调节自己的情绪,保持适当的焦虑水平,把焦虑看成一种行为的动力,以提高教学效果和教学水平。调节情绪的具体方法见下节内容。

教师要学会与学生共同分担责任以降低焦虑水平

教师要认识到,教师不可能替代学生进行学习,教师只能传授、监督、督促学生进行学习。对于学生的学习来说,这些都是外在条件。学生只有主动地参与教学过程，发挥自身的主观能动性，真正地加工吸纳知识才是真正的学习。所以说教学活动是不能离开学生的配合的，教学应是一种双边活动。教师是不可能绝对地主宰教学工作、主宰学生的学习和发展的，这对教学效果的高焦虑水平是有害无益的。

教师要正确对待挫折

人人都会遇到挫折，教师在工作中也会常遇挫折，这种挫折可能是因为存在某种阻碍成功的障碍，也可能是未能得到应有的奖励，或是面临错误受到惩罚，或遇到难以克服的困难。所以，对于教师来说，挫折和失意是难免的，如果遭遇挫折就灰心丧气、愤愤不平、心浮气躁，则会导致教师焦虑水平的上升。因此教师应正确对待挫折，把挫折看成生活的必然组成部分，这是提高心理品质的必经之路。适当的挫折，尤其是当教师具有一定应对挫折的手段、能积极面对挫折的时候，挫折本身也会产生积极的意义和作用。

教师要合理地使用竞争机制

为了使教师获得更好的发展，也为了使教师们产生不断前进的动力，学校以及教育部门都会制定一套教师的职称晋升评定机制或举行教学竞赛等，这些手段对教师的督促作用无疑是非常巨大的，但也会给教师带来紧张和焦虑。教师要合理地使用这些竞争机制，加强教师之间的交流合作，这也能在一定程度上缓解教师的焦虑，解放教师心智，从而在根本上缓解学生的压力，解放学生的心智。

抑郁症

认识抑郁症

你是否感到自己精神低迷、生活无快感而且食欲不佳？你是否感到自己离五色斑斓的社会越来越远，而且认为自己"孤立无援"？当你走进课堂，面对一个个鲜活的学生，你是觉得自己的所作所为索然乏味，还是能够持续保持激扬的精神状态？

抑郁是一种复合的情绪，是一种常见的心境障碍，可由各种原因引起，以显著而持久的心境低落为主要临床特征, 且心境低落与其处境不相称, 严重者可出现自杀念头和自杀行为。多数病例有反复发作的倾向, 每次发作大多数可以缓解, 部分可有残留症状或转为慢性。抑郁情绪有以下主要表现:

(1) 对日常活动失去兴趣和乐趣, 精力明显降低, 容易感到疲乏;

(2) 饮食与睡眠不好, 或过多或过少;

(3) 行动特别缓慢, 身体上容易感到不舒服;

(4) 心境极为压抑, 甚至时常莫名地哭泣、沮丧、悲伤、躁动或呆滞;

(5) 对自己评价过低, 对未来感到悲观;

(6) 回忆过去, 总是沉浸在痛苦、消极的记忆中;

(7) 逃避与他人交往, 有时容易被激怒;

(8) 自责、自贬、无价值感和罪恶感, 甚至会反复出现死亡或自杀的意念。

抑郁症至少有10%的患者可出现躁狂发作, 此时应诊断为"双相障碍"。另外我们常说的抑郁症, 其实是指临床上的重症抑郁症, 人群中有16%的人在一生的某个时期会受其影响。患抑郁症除了付出严重的感情和社会代价之外, 经济代价也是巨大的。据世界卫生组织统计, 抑郁症已成为世界第四大疾患, 预计到2020年可能成为仅次于冠心病的第二大疾病。

【心理课堂】

CCMD—3抑郁发作诊断标准:

症状标准: 以心境低落为主, 并至少有下列4项:

(1)兴趣丧失、无愉快感;

(2)精力减退或疲乏感;

(3)精神运动性迟滞或激越;

(4)自我评价过低、自责, 或有内疚感;

(5)联想困难或自觉思考能力下降;

(6)反复出现想死的念头或有自杀、自伤行为;

(7)睡眠障碍,如失眠、早醒,或睡眠过多;

(8)食欲降低或体重明显减轻;

(9)性欲减退。

严重标准:社会功能受损,给本人造成痛苦或不良后果。

病程标准:

(1)符合症状标准和严重标准至少已持续两周。

(2)可存在某些分裂性症状,但不符合分裂症的诊断。若同时符合分裂症的症状标准,在分裂症状缓解后,满足抑郁发作标准至少两周。

排除标准:排除器质性精神障碍,或精神活性物质和非成瘾物质所致抑郁。[1]

抑郁症的表现及原因

抑郁症临床症状典型的表现包括三个维度活动的降低:情绪低落、思维迟缓、意志活动减退,另外一些患者会以表现出躯体症状为主。具体可表现为显著而持久的抑郁悲观,与现实环境不相称。程度较轻的患者感到闷闷不乐,无愉快感,凡事缺乏兴趣,感到"心里有压抑感"、"高兴不起来";程度重的可悲观绝望,有度日如年、生不如死之感,患者常诉说"活着没有意思"、"心里难受"等。抑郁症患者还可能会反馈大脑反应迟钝,或者记忆力、注意力减退,学习或者工作能力下降或者犹豫不决,缺乏动力,什么也不想干,以往可以胜任的工作生活现在感到无法应付;他们不仅开始降低自我评价,有时还会将所有的过错归咎于自己,常产生无用感、无希望感、无助感和无价值感,甚至开始自责自罪,严重时可出现罪恶妄想(反复纠结与自己一些小的过失,认为自己犯了大错,即将受到惩罚),反复出现消极观念或者行为。

118

---

[1] http://baike.baidu.com/view/332.htm选编.

教师形成抑郁心理的原因是十分复杂的，有专家认为其主要原因是认知失真。教师的认知失真主要表现如下：

首先，教师具有非此即彼的思维方式。如果教师总是用二分思维模式看待周遭的一切事物，总是用非此即彼的思维方式思考问题，就容易产生抑郁倾向。试想，对于一个教师来说，凡事一旦不能满足自己的要求，就心灰意冷，认为自己是失败者，或者自己所带班级连年都是年级第一，就今年不是，于是其就自认不行了，这纯属自寻烦恼。

其次，教师有时也会以偏概全。教师如用消极的一面看待全局问题，就会形成不良的情绪反应。如有领导来听课，该教师可能由于某种原因出了一点平时不会有的纰漏，领导老师不满意给了一些负面评价，该教师就否认自己的教学能力，于是灰心沮丧。

第三，教师可能会用有色眼镜来看待周围的教育教学现象。他们把消极事物经过过滤筛选纳入到自己的意识中，由此而产生悲观失望的情绪。如一个学生成绩不好，该教师就认为他什么都不好，班级中该生如与别人发生纠纷，教师一定会首先认为是该学生的不是，如果该学生因委屈而顶撞该教师，那么该教师就会气愤难当，认为学生冒天下之大不韪，简直不可救药。如果他们在生活中听到一些教育中或学校中的负面新闻，也会由此而自怨自艾，认为自己的所作所为毫无意义，没有前途。

第四，有些教师会贬抑积极事物。受消极意识影响，一些教师会给积极事物泼冷水，抹杀其积极性，只留下无限惆怅在脑中。这样的教师听到社会上赞誉教师"教师是太阳底下最光辉的职业"、"教师是人类灵魂的工程师"，会认为这是教师自嘲；别人赞美其工作出色或教育技巧高明，他自己却认为别人在讥讽挖苦。这样的消极信念必然导致抑郁。

第五，有些教师会给自己消极暗示。如由于学生刚受到教师的批评于是情绪不好，所以对于教师的精彩讲解没有积极反应，该教师就对自己的教学水平表示怀疑，"我都努力准备了，怎么会是这样的效果？看来我还是不行的"，于是沮丧之情油然而生。

第六，教师的情绪推理也可以导致抑郁情绪。所谓情绪推理就是教师把自己的情绪当成真理的论据。"我认为我的能力很差，所以出不了科研成果""我觉得力不

从心，所以我肯定做不出很好的教学业绩""我感到自己没有竞争力，我一定是个失败者"这样的情绪推理，不仅会使自己无所事事，还会形成自卑心理。

此外，教师在遭遇重大挫折，心灵受到严重创伤时，如果得不到有效的安慰、疏导、支持，或者归因不当，没有有效调整，也可能形成反应性或心因性抑郁症，影响其身心健康。

战胜抑郁

与焦虑不同，抑郁情绪带给教师与学生的几乎都是负面作用，心情忧郁的教师不仅情绪低落，对外界反应迟钝，且对周边的教育现实不感兴趣，认为做什么都没有前途，没有希望，这样的教师给学生带来的影响可想而知。所以教师一定要走出抑郁的灰色阴影。要战胜抑郁，可以从以下几方面入手：

重新调整自我认知

人们对事物的看法可以左右人的情绪。如甲乙二位教师都是班主任，他们的班级中要转学来一个多动症的学生，由于他们的想法不同，导致二人的情绪完全不同。教师甲认为："我真是一个倒霉的人，那个多动症学生怎么不去别的班？"于是没有好气地走进教室；教师乙认为："来了个多动症的学生，不错，正好见识见识，多积累经验以后带班就更好带了。"于是神色轻松心情愉快。所以，教师应该调整自己的认知方式，改变一下自己的固有观念，重新审视挫折、失败及周边教育问题，或许可以解决心理错位。

学会自我欣赏，合理评价自己

教师首先要悦纳自己，不要自怨自艾、自暴自弃。悦纳自己首先要正确评价自己，对自己有一个合理的、正确的认知。既不要高估自己，也不要低估自己，了解自己的优势和劣势，以扬长补短。

参与社会，多与人交流

抑郁者的心境是灰色的，抑郁的牢笼是孤独的。所以抑郁情绪的去除需要教师冲出灰色的牢笼，沐浴在明媚的阳光下。海阔凭鱼跃，天高任鸟飞，阳光下的天地是广阔的，可以尽情施展才华。有抑郁情绪的教师宜多与人交流，不仅自己能敞开心扉宣泄一下郁闷的心情，还可以获得他人的帮助。

坚持规律生活

安定且有规律的生活，对克服抑郁情绪大有好处。早睡早起，按时起床和就寝，按时学习，按时锻炼，按照规律生活会简化生活，增强体质，保持身心愉快。在具体的工作中，能使事情做得有条理，就会不断增加成就感，逐渐认识到自身的价值。

教师要放松身体，以放松心灵

加强户外活动，呼吸新鲜空气，沐浴阳光，欣赏自然景色。运动对于改善抑郁情绪有很好的作用，放松身体的同时，心情也能得到很好的放松。

教师职业倦怠

据说有这样两幅对联，很多中小学教师以此为自嘲：

上联：听狗叫，看猪脸，课时加重，收入再减

下联：教畜生，哄笨蛋，生不逢时，诲人不倦

横批：人民教师

上联：囊中羞涩，无权无势，人生坎坷，心憔悴

下联：居无定所，难以成炊，衣带渐宽，终有悔

横批：教师倒霉

这两幅对联看似调侃，但也隐隐反映出教师的某种心态——职业倦怠。

认识职业倦怠

"职业倦怠"是1973年美国心理学家弗登伯格在《职业心理学》杂志上首次提出来的，是指在职业环境中，对长期的情绪紧张源和人际关系紧张源的应激反应而表现

出来的一系列心理、生理综合征。后由学者经研究确定了职业倦怠的三个核心成分：

(1) 情绪衰竭：个体情绪情感处于极度疲劳状态，工作热情完全丧失；

(2) 非人性化或去个性化：个体以消极、否定或麻木不仁的态度对待工作对象；

(3) 低个人成就感：个体评价自我的意义与价值的倾向降低。

(4) 其中情绪衰竭是职业倦怠的核心成分。

近几年的调查研究表明，教师是职业倦怠症的高发人群。所谓"教师职业倦怠"是教师不能顺利应对工作压力时的一种极端反应，是教师长期处于紧张状态下所产生的情感、态度和行为的衰竭状态，其典型症状是情感的疏离和冷漠、工作热情和兴趣丧失以及工作满意度低。它不仅对教师的身心、生活各方面造成负面影响，而且还可能激发同事间矛盾，降低教学质量，影响学生心理健康的形成，甚至对整个社会的发展都会产生极大的消极作用。

【心理调查】

老师，您累吗？

2004年9月10日，我国《法制晚报》与新浪教育频道联手推出"教师，您累吗？"的在线调查结果显示：

有将近六成的被调查者出现生理耗竭，即经常会感到自己疲惫不堪，对疾病的抵抗力下降，或者出现失眠、头痛、背痛、肠胃不适等症状。

有47.13%的被调查者出现价值衰落，即经常会对自己工作的意义和价值的评价下降，工作变得机械化且效率低下。

2004年12月6日中国人力资源开发网发布的中国"工作倦怠指数"调查显示，有50.34%的教师存在不同程度的职业倦怠。[1]

教师职业倦怠是教师不能顺利应对工作压力时的一种极端反应，是教师在长期压力

---

[1] 黄桂芳. 教师职业倦怠的自我心理调试. 四川教育学院学报. 2005.6.

体验下产生的情绪、态度和行为的衰竭。尤其近年来，随着社会的发展，我国的教育体制随之发生了诸多变化，教师所面临的压力逐年增大，出现职业倦怠的教师人数逐年增多。体验职业倦怠的教师很可能出现个人生活质量下降、常旷工、工作不求进取、耗费大量时间寻求新的工作等现象；在健康方面，倦怠的教师会有身体不适、失眠等情况。总的说来，教师职业倦怠有以下主要表现：

(1) 生理耗竭：身体疲乏虚弱，伴有失眠、头痛、背痛、肠胃不适等症状；

(2) 才智枯竭：知识不够用，注意力无法集中；

(3) 情绪衰竭：工作热情丧失，容易悲观沮丧，减少和断绝与学生的联系以及丧失对于教师职业的热情；

(4) 价值衰落：自我成就感降低，消极怠工；

(5) 去人性化：冷漠多疑，人际关系恶化；

(6) 行为症状：出现攻击他人的行为或自残行为。

上述症状不同，其职业倦怠的轻重也不一样。从以上症状看来，职业倦怠并非真正疾病，它更近似于一种"亚健康"的状态。

教师职业倦怠的危害

教师职业倦怠对于教师、对于学生，甚至对于教育，都有很大的危害。

教师职业倦怠对教师的危害

职业倦怠会导致教师生理、认知、情感和行为的极度疲劳。在生理方面经常产生疲劳感、失眠、食欲不振、喉咙嘶哑、背痛、头痛，以致全身酸疼，内分泌功能紊乱、血压升高等；在认知方面，教师会感到工作没有意义和价值，将工作看成是枯燥机械重复的琐碎事务，觉得前途暗淡，没有希望；在情感方面，教师对工作失去兴趣，厌倦，情绪波动大，经常感觉抑郁、焦虑和烦恼等；在行为方面，教师会厌倦工作，工作如同苦熬岁月，他们的工作效率很低，逃避社会交往等，并很容易诱发其他心理问题，激化人际矛盾, 甚至会产生自残行为。

教师职业倦怠对学生的危害

学生是教师的工作对象, 教师对工作厌倦、不负责任必然会降低教育质量, 进而影响学生的成长和发展。教师对学生冷漠、厌烦、挖苦、谩骂甚至滥施惩罚, 会直接危害学生的身心健康。近年来, 教师伤害学生的恶性事件屡屡见诸报端, 反思其根源, 其中一部分原因就是教师的职业倦怠, 他们内心长期积压的抑郁、焦虑或失败感, 在一定的刺激下以一种极端的方式发泄出来, 导致行为失控, 以至于给学生带来了无法弥补的身心创伤。

教师职业倦怠对教育的危害

要想提高教育质量、发展教育事业, 其关键在于教师。如果教师陷入职业倦怠的困境, 就不能全心全意地投入到教育工作中, 难以高效高质地完成教书育人的任务, 导致教育质量降低。不仅如此, 教师不能全情对待教育, 疏离学生, 对工作没有热情得过且过, 也会导致人们对教师队伍的整体评价降低, 影响教师职业的社会形象。教师如若觉得前途暗淡, 也会选择变更工作, 这就会导致师资流失, 教师队伍不稳定等, 这些情况都会影响教育事业的稳步发展。

教师职业倦怠产生的原因

教师职业倦怠产生的原因复杂多样, 具体说来可以分为以下几大方面:

教师的职业因素

教师是一个比较特殊的职业, 其职业压力大, 工作负荷重, 日复一日月复一月年复一年, 很容易产生倦怠心理。

【心理案例】

张老师这是怎么了?

张老师做教师15年了, 最近几个月不知道为什么, 本来最爱和学生们待在一起的她,总是有意无意地避免与学生们近距离接触，学生们凑在一起说话，她听见就心情烦躁，总想躲得远远的。在办公室里，原本爱说爱笑的她也不愿主动和同事聊天了，每天就只是坐在自己的办公桌前，希望谁都不要来打扰自己……

首先，教师沉重的工作负荷给教师带来职业倦怠。教学工作本身就是一种异常繁重紧张的过程，尤其是班主任，不仅要备课讲课、研究教材教法，还要对学生身心、学习、情绪等各方面加以照顾和引导。名目繁多的教学计划与改革、各种考核评比等也导致了教师本来繁重的工作更加沉重。再加上外部环境改革、社会变化给人们带来的价值观念的变化等，长时间超负荷运转和较大的社会责任，使得很多教师在心理和生理上处于极度疲劳和衰竭的状态。这种疲劳和衰竭状态正是教师职业倦怠产生的典型症状。

其次，教师的角色冲突给教师带来职业倦怠。教师不仅只代表了教师这一角色，可以说这个角色含义非常丰富。在工作中，教师既是知识的传授者，又是家长的代理人；在生活中，他们也有着常人应有的诸多角色：子女、父母、朋友等。教师扮演着多重角色，要从老师、家长、孩子等多种角度去考虑问题，而这些角色行为有时是相互矛盾甚至是冲突的。因此，这一切会使一个曾经非常富于责任心的教师不可避免地心力交瘁。

最后，教师工作的重复性给教师带来职业倦怠。教师在工作中常常面对的是同样年龄的学生、同一门学科、同一本教材，工作的重复性和单调性消磨了教师曾经的激情，使教师产生倦怠。我们经常可以看到这样一些年轻教师，初出校门时有着"人类灵魂的工程师"的激情澎湃，有着"春蚕到死丝方尽"的感慨，但随着时光的流逝，工作对他们来说已经失去了最初的意义。他们生活中少了感动，上课时少了激情，教书成了职业，工资成了工作唯一的动机，成为了一个实实在在的、流于平庸的"教书匠"。

社会环境因素
给教师带来职业倦怠不仅有教师的职业因素，社会环境因素也是教师产生职业倦怠的重要原因。

首先，教师理想与现实的差别给教师带来职业倦怠。上文说到教师曾经激情澎湃，那是因为教师有较高的成就动机，他们渴望在工作中实现成功、体现价值。但是在现实生活中，教师的成功有着很大的不可确定性。教育是一个长期的工程，在工程初期或中期，可能没有办法看到工程的全貌，教育人不是一蹴而就的事情，所以大多数教师都是默默地长期付出。试想，一个人经年累月地雕刻一件作品，但是不到雕刻完成的那一天，他没办法看到作品的全貌，他怎能不烦闷呢？教师在教育过程中所体验到的不仅是工作的辛苦劳累，更有不被理解、有付出而无回报的辛酸，缺少职业满足感的现实与曾经美好的理想构成了足以使教师产生职业倦怠的冲突。

其次，学生难以管理给教师带来职业倦怠。教师的工作对象是具有独立思想的学生，其思想和行为不易为教师掌握、了解和控制。而且在当前社会转型期，许多不良风气和精神污染不可避免地渗入校园，教师对学生苦口婆心的教育成果常常被现实抵消，这让教师难以相信自己的行为会有助于学生的发展。所以其只好降低自己对工作的投入以求得心理平衡。这种心理不断得到强化，而且长期以来得不到缓解，倦怠心理自然产生。

第三，学校对教师评价的机制不合理导致教师职业倦怠。"以分数论学生，以升学率论教师"、"以做课题、论文发表论教师"，这种对教师的评价方式十分普遍。这种单一的评价方式脱离了教师的实际工作，但是这种方式评价的结果又往往决定着教师的评优晋级、职称晋升、奖金发放，甚至关系到教师的"饭碗"。在这样的评价制度中，只要某一方面欠缺或不合格，就可能抹杀一名教师一个学期、一个学年，甚至几年付出的心血。这使得教师的压力陡增，教师的人际关系处于微妙状态，而校领导又缺乏与教师的沟通，对教师的关心、激励不足，使教师心理压抑导致倦怠。

最后，教师的社会地位不高导致教师职业倦怠。教育对社会发展的价值与作用，决定了教师应当具有较高的社会地位和经济待遇。近些年来，国家虽然出台了一系列政策法规，不断提高教师的工资待遇和社会地位，但从总体上来看，与劳动性质和强度相当的其他行业相比，教师的工资待遇依然偏低，教师的社会地位与社会赋予教师职业的崇高使命并不相称。理想和现实的巨大反差大大挫伤了教师的工作热情, 使得他们无奈地陷入职业倦怠。

教师的个人因素

不管职业因素及社会环境因素如何, 一定有那样一些教师依然不为左右, 依然激情澎湃, 依然理想坚定; 一定也有那样一些教师被影响, 被左右, 被动摇。这就不能不考虑教师的个人因素。

首先, 教师的个人内在原因导致教师职业倦怠。比如说教师的人格特质因素, 某些教师所具有的人格特征很容易受到倦怠的伤害。在面临压力时, 具有怯懦、自卑、孤僻、狭隘等人格特征的教师往往不能采用适当的策略加以应对, 他们具有较低的自信心, 对自己缺乏准确的认识和客观评价、拥有不现实的理想和愿望, 与同事缺乏交流与合作, 所以他们非常容易受到倦怠的伤害。研究表明, 具有下列特征的教师很容易受到职业倦怠的伤害。

具有不现实的理想和期望的教师 他们虽然有理想, 但不切实际, 自我价值判断较低, 自信心也低, 他们对自己的优缺点缺乏准确认识和客观评价。

思想保守, 缺乏创新意识和创新能力的教师 他们容易使教育教学工作沦为简单机械的重复, 难以适应教育改革对教师提出的要求, 因而在工作中常感到力不从心, 也难以获得成功体验, 产生职业倦怠几乎是必然的事情。

缺乏交往技能、人际交往圈子狭窄、家庭关系不睦的教师 他们不能获得足够的社会支持, 心中的苦闷越积越多, 长此以往自然会滋生消极倦怠的情绪。

心理调节能力欠缺的教师 他们不重视对心理学知识的学习和掌握, 心理出现问题后, 他们不善于也不会进行调节, 这就使职业倦怠成为可能。[1]

其次, 教师的一些背景因素也是影响教师职业倦怠的重要原因。如从教年龄。郭红心对中学高级教师职业倦怠现象进行了长达3年的调查研究, 通过不同的方式走访了128名不同年龄段的中学高级教师, 发现 "35岁现象" 日益严重, 他们失去了专业化发展的目

---

[1] 黄桂芳. 教师职业倦怠的自我心理调试. 四川教育学院学报. 2005.6.

标和动力。"35岁现象"实际上是指有些教师在35岁左右实现了获得高级职称的目标之后，一改往日积极工作奋发努力为懒散地工作，凡事无所谓。这其实是一种职业倦怠的表现。此外，教师的婚姻状况、家庭负担、性别、职称等也会对职业倦怠产生影响。

战胜职业倦怠

教师职业倦怠的产生，是外在因素和教师内在因素的相互作用共同产生的结果，因此要想有效防止和缓解教师的职业倦怠，需要整个社会、教育部门和学校等外在因素的大力支持。因本书的视角是关注教师本身的身心健康，所以我们更主要从教师本身来探讨职业倦怠的消除方法。对于为职业倦怠所困的教师而言，要想改变现状有两个办法：要么寻找一份新工作，脱离教师这个职业重新开始；要么改变自己，重新胜任教师的工作。前者虽然是改变了工作，但如果没有从心理上解决问题，估计要不了多久就会重蹈覆辙。所以对于教师来说，改变自己、调整好个人心态才是摆脱职业倦怠的正途。为了更好地、从根本上摆脱职业倦怠，重新找回工作乐趣，教师可以从以下几个方面进行心理调适：

教师要建立合理的期望和信念

其实无论是哪行哪业，职业倦怠是每个职业人都有机会体验到的正常心理，而并不是教师的专利。教师如若陷入了职业倦怠的旋涡，不要过于苛责自己，要正确认知，化压力为动力争取华丽转身。要想顺利走出职业倦怠，教师要调整与教学工作有关的认识，建立合适的期望和信念。成熟的教师信念或期望既不是好高骛远不切实际的，也不是踯躅不前原地踏步的，应是一种稳步前进砥柱中流的。所以教师要正确地看待教学工作，也要正确地看待学生。对于自身来说，教师首先要做一个真实的人，才能做一个真实的教师；对于学生来说，教师要用发展的眼光来看待学生。这样不仅有利于教师本身压力的缓解，也有利于学生的身心健康。

教师要丰富自己的生活，放松心灵提高素质

放松是指身体或精神由紧张状态转向松弛状态的过程，当不断地感到压力时，

持续数分钟的放松，往往要比一小时的睡眠要好。教师常用的放松方式有游泳、散步、做操、洗热水澡、听音乐、聊天、练瑜伽等。如果实在无法排解，教师也可以利用假期外出旅游，亲近自然。当然这些都是一些对于职业倦怠有针对性的做法，仿佛头痛医头脚痛医脚，可能治标而不能治本。要想真正战胜职业倦怠，教师还要不断充实自己的心灵。教师可以通过读书、培训、与有经验的教师交流，以不断更新自己的教育理念、不断提升自我价值、不断开阔视野。这样，教师才能从更高的角度上看问题，以更平和的心态对待生活和工作中的不满意，真正拥有心理上的安全感。

教师要投入社会，广交朋友

研究表明，当威胁健康的因素发生时，缺乏社会支持的人比那些有朋友交往、具有较多社会支持的人更可能出现生病或死亡的状况。任何人都不可能完全避免不良情绪的产生，关键在于他会不会调节自己的不良情绪，不让它随意泛滥和持续时间过长，这样可以防止或减少不良情绪对身体健康造成的伤害。对于教师来说，投入社会、广交朋友是一个非常不错的途径。当教师陷入职业倦怠时，不妨与家人亲友一起讨论或寻求心理支援，在他们的帮助下确立更现实的目标，重新审视自己目前的情境，他们的一些负面消极情绪就可以得到一定程度的发泄。如果情况严重的话，教师们还可以寻求心理援助或进行心理咨询。

教师要提高自身处理问题的能力和自我调节能力

学生的纪律问题是造成教师职业倦怠的重要因素，因此，教师应加强处理学生问题的能力，让教学得以在安静、有纪律的情境下进行，从而提高学生的成绩，减少教师的挫折感，增强教师的自我效能感。教师如遇到以下情况：学生顶嘴，学校不公平，某件事情不遂人愿力所不及……教师们要理智清醒，增强自我调节能力。

如果通过以上调节方式，教师依然无法摆脱职业倦怠，则应尽快寻求心理帮助，或者更换工作，以免害人害己。只有教师每天都能保持良好的精神风貌，每一个学生的健康成长才能有保障和可能。

/ 学会情绪调节 保持阳光心态 /

情绪无时不有，无处不在；喜怒哀乐，任何人都难以掩饰。唯喜有尺，怒有度，哀有节，乐有制，人生才会快乐，事业才能成功。

情绪是潭水，满时要开闸，浅时要蓄水。要巧妙地释放情绪，机敏地享受人生。

面对太阳，阴影将落在你的背后……

良好的情绪生活是教师成功教育学生和维护自身身心健康的基础。上文剖析了种种教师的不良情绪，以及教师的不良情绪累积无法释放而困扰教师的种种情绪性心理疾病，希望能给困于其中的教师带来一点警醒。当然，这还远远不够，要真正解决情绪问题，教师要学会情绪调节，保持阳光心态。关于教师情绪调适的具体技巧，心理学书籍中多有介绍，比如说宣泄、迁移、合理化、升华等。

【心理课堂】

情绪控制术

现代心理学研究表明，以下八大技术有利于不良情绪的控制：

制怒术：做情绪的主人，当喜则喜，当悲则悲。在遇到发怒的事情时，一思发怒有无道理，二思发怒有何后果，三思有无其他方式替代，这样就可以变得冷静而且情绪稳定。

愉悦术：努力增加积极情绪。具体方法有三：一是多交友，在群体交往中取乐；二是多立小目标，小目标容易实现，每一个实现都能带来愉悦的满足感；三是学会辩证思维，可使人从容地对待挫折和失败。

幽默术：常笑多幽默。心理学家认为，人不是因为高兴才笑，而是因为笑才高兴。不是因为悲伤才哭，而是因为哭才悲伤。生活中要多笑勿愁。

助人术：学雷锋做善事，既可以给他人带来快乐，也可以使自己心安理得，心境坦然，具有较好的安全感。

宣泄术：遇到不如意、不愉快的事情，可以通过运动、读小说、听音乐、看电影、找朋友谈心诉说来宣泄自己不愉快的情绪，实在不行的话，大哭一场。

代偿转移术：当需求受阻或遭到挫折时，可以用满足另一种需要来代偿。也可以通过分散注意力，改变环境来转移情绪的指向。

升华术：即把受挫折的不良情绪引向崇高的境界。如著名文豪歌德在失恋后，写出了名篇《少年维特之烦恼》。

放松术：心情不佳时，可以通过循序渐进、自上而下的放松全身，或者通过自我催眠、自我按摩等方法使自己进入放松入静状态，然后面带微笑，想象曾经经历过的愉快情绪，从而消除不良情绪。[1]

以上这些技巧多数是指教师情绪出现问题后的消极应对。其实对于教师来说，真正理想的状态是避免出现情绪问题。未雨绸缪，防患于未然，防病胜于治病，说的都是这个道理。

悦纳自己，做一名快乐的教师 /

人无完人，即使你是一名教师。

悦纳自己，就是要喜爱自己，完整、一贯、无条件地接受自己。这是良好情绪的基础。悦纳自己的表现如下：

(1) 对于自己无法弥补的缺陷坦然接受；

(2) 对自己的不足不是一味地自责，而是采取积极措施克服；

(3) 自己已尽全力，但由于主观意志以外的原因未能达到目的时，不自我折磨，而是坦然处之。

一个人只有悦纳自己，才能跟自己和平相处。不要用外在的目光衡量自己的价值，

---

[1] 杜红霞. 教师情绪与课堂教学效果. 湖北财经高等专科学校学报. 2005.2.

因为人无完人。一个人可能会出错，可能有缺陷，这都是再正常不过的事情，关键是，我们能改进，我们能完善。

对于教师而言，悦纳自己还有另外一个重要含义，就是悦纳教师这个角色，要有身为人师的自豪感。如果连教师本人都不能悦纳自己的教师身份，那么还谈什么全社会的尊师重教？在学生面前还有什么教育力量呢？

教师悦纳自己，可以从以下两点进行考虑。

教师要认识自己，了解自己

了解自己是悦纳自己的基础，对自己了解得越全面、越客观，就越有可能悦纳自己。自卑就是一种典型的不能自我悦纳，它往往是当事人用放大镜看自己的缺点；自傲同样是一种不能自我悦纳，它或者是一种伪装了的自卑，或者是无视自己缺点的盲目自满。这两种情况都不同于坦然对待自身缺陷的自我悦纳。

【心理案例】

身残志坚的张海迪

张海迪遭受的挫折数不胜数。在她身体致残后，情绪曾一度坏透了，但她不愿意就这样被坏情绪主宰自己，了此一生。于是，她完全接受了自己的遭遇，接受自身的缺陷，全身心地投入到学习和写作中，在自己不幸遭遇的基础上，加以创造发挥，终于写出了一系列作品，在事业上取得了巨大的成功，也被社会接受和认可。她还积极投身社会活动……她的精神鼓舞了许多残疾人。

正确对待自己的得失是悦纳自己的关键。自我悦纳的人会平心静气地面对自己的得失，善于处理完善自己与悦纳自己的关系。一个人当然要尽自己的力量去改变自身能改变的缺点，但不能因为是缺点就自卑自怜，不容忍自己有缺点的人是一个苛求自己的人，是一个爱和自己较劲的人，也必然是一个痛苦的人。

那么作为一名教师，除了认识自身之外，还要正确认识和了解自己的教师职业。了解哪些方面呢？如教师的使命、教师的素质要求、教师的现实地位和教师工作特点等。教师们既要了解教师神圣光荣的一面，也要了解其可能存在的难以满足自己某些方面的需求、难以发挥自己某些个性特长的一面。既然我们从事了这一职业，选择了这份神圣光荣，就同时也选择了其不尽如人意的一面。这样，才能真正悦纳自己的教师身份。对于这一点，天下的道理都一样，世界上没有好处占尽的人，也没有好处占尽的职业。

教师要保持良好、阳光的心态

心态好一切皆好。我们可以把一个人的心态看成电影的背景，在明亮的背景下的电影给人带来轻松愉快，阴冷晦暗背景下的电影不免给人带来沉重压抑。教师要保持良好、阳光的心态不是一件很容易的事，可以说是一个系统的工程。首先教师要有适当的抱负水平，不过高也不过低，过高则给教师带来挫折和焦虑，损害教师的自信心；过低则没有激励作用，更谈不上给教师带来满足感了。其次教师要学会进行智慧的比较。所谓智慧的比较，就是多进行积极的比较，避免消极的比较。其实人生并不是为了和别人进行比较而存在的，同别人的比较也不能作为衡量自己的唯一尺度，教师应把目光多多放在发挥自己的潜能上。第三，教师对情绪要尽量控制而非抵抗，如果试图以抵抗的方式阻止情绪的发生，不仅是徒劳的，而且会导致更加恶劣的情绪出现。对待情绪其实更像大禹治水，要宣泄疏导才可能保持积极阳光的心态。

【心理课堂】

成功者必备的八种心态

积极的心态：积极的心态看到的永远是事物好的一面，而消极的心态只看到不好的一面。积极的心态能把坏的事情变好，消极的心态会把好的事情变坏。

学习的心态：学习是给自己补充能量，提高技能的唯一途径。

付出的心态：舍得就是付出，舍的同时也是得，小舍小得，大舍大得，不舍不得。做任何事情不要认为是为别人做，其实，事事都与自己有关。人人为我，我为人人。不愿意付出的人，别人也不会为你付出。

坚持的心态：要坚持提升自己。坚持的心态是在遇到坎坷的时候反映出来的心态，而不是顺利的坚持。遇到瓶颈的时候还要坚持，直到突破瓶颈达到新的高峰。要坚持到底，不能输给自己。时间总是耐心等待那些坚持的人。

合作的心态：合作是一种境界。合作可以打天下。合力不只是加法之和，而是一加一大于二的效果。成功就是把积极的人组织在一起，形成最大的合力。

谦虚的心态：谦虚是人类最大的品行之一。谦虚让你得到尊重。越饱满的麦穗越弯腰。

感恩的心态：感恩社会，感恩周围的一切。

归零的心态：重新开始。每一次成功都是一个新起点。生活就是不断的重新再来。只有这样，才能持续发展。[1]

教师要有一双善于发现美的眼睛，能体验到工作和生活的乐趣 ╱

有这样一个故事：在一座漂亮的两层小楼里，一位8岁的小女孩正趴在窗口流泪，原来，她正在看别人在小花园的角落里，埋葬自己心爱的宠物小狗。因此她泪流满面，悲恸不已。

她的祖父看见这种情况，马上走过来把小女孩领到另一个窗口。从这个窗口往花园里看，一朵朵玫瑰鲜艳夺目，令人心旷神怡。小女孩心中的愁云很快就一扫而光，心里逐渐明朗起来。明亮的眼光、甜甜的笑颜，充分地表现出那掩盖不住的快乐。

祖父说："宝贝儿，你刚才开错了窗口！现在不是很好吗？"

眼之所见，会影响人的心情。大千世界中有多少风景啊！其实对于教师来说，这种

[1] 汪龙光.掌控情绪的心理学.化学工业出版社.2010.8.

"发现美的眼睛"要具备更高级别的功能，那就是，不是对于所有的不美的事物视而不见，而是要在平凡中发现美丽，这是一双具有智慧的发现美的眼睛。

教师工作是一份怎样的工作？有一位教师这样感慨：任何一种职业，对某些认识片面的人来说，都可能是苦海，反过来，一旦全身心扑在上面，入了门，都能感到其中乐趣无穷，都会成为理想的乐园。对工作的热爱可以创造奇迹，可以使人以苦为乐，看到严冬后面的阳春，病木旁边的鲜花和芳草，体味到劳作的甘美，享受到成功的温馨。

教师的劳动有双倍的收获，除了收获直接的劳动成功——学生的成绩乃至全面发展的人才外，还能收获到感情，收获到心意。教师将真诚、信任、尊重的感情播进学生心田。学生升学了、毕业了、工作了，甚至十几年、几十年之后，仍不会忘记这份真诚、信任、尊重之情，而以相应的或更为丰厚的情感来回报。教师的劳动又是一项科学研究工作，每一天、每一小时都有研究的内容：学生注意力的变化、记忆力的增强、情感的波动、行为的养成等。任何一所学校、任何一个班级任何一名学生都能够成为一项科研专题：他的历史、他的现状、他的未来、他的惯性、他的更新、他的潜力，甚至他的举手、投足、扬眉、启齿都能写成很有价值的论文。教师是童心永驻的人。教师每天和学生们在一起看书、练习、唱歌、做实验、联欢，甚至和他们一起玩耍，面对着、感受着一颗颗纯洁的、善良的、真诚的、天真活泼的童心，一届又一届地接力下去，耳濡目染，以纯洁对纯洁，以真诚换真诚，长期保持一颗童心。世界上有哪一种职业能像教师这样可以终生和淳朴、善良、真诚的孩子们厮守在一起，过着丰富多彩的生活呢？[1]

教师如果每天都在烦恼：工作太累、学生太烦、领导太不近人情……那他就会像故事里那个小女孩一样。开错了窗子的老师们，请换一扇窗，换一番风景，换一番心情。

[1] 王文. 论教师情绪调试的积极策略. 黄石理工学院学报（人文社会科学版）. 2010.3.

教师要形成新的科学的知识观

随着建构主义的兴起，传统的知识观、学生观和教学观会逐渐被新的观念所代替。

这样说可能过于抽象，让我们来换种说法：知识，再不是一成不变亘古永恒的真理，知识也是随着人类的进步而不断发展的，也会有错，也会变化，就像亚里士多德描述的从空中同时抛下的两个铁球，当伽利略把它们从比萨斜塔上抛下的时候，人们亲眼验证了什么是正确；就像地心说和日心说的争论，虽然教会用火和血来阻挡真相，历史的车轮也必然载着真理滚滚向前。学生们对知识的学习，如果只是死记硬背，那么造就的只能是"高分低能"的考试机器，要想真正实现对知识的掌握和运用，必须将理论联系实际具体问题具体分析，真正的知识不是"死"的，而是"活"的、有着蓬勃的生命力的。那么学生究竟是怎样掌握知识的呢？让我们重视学生们头脑中已有的经验背景或知识体系吧！如果知识的学习是参天大树的生长的话，那么学生经验背景就是肥沃的土壤和明媚的阳光；如果知识的学习是修建高楼大厦的话，那么学生的经验背景就是坚实的土地和建构的砖瓦。真正有意义的学习是学生能把新的知识同已有的知识经验背景联系起来，变成他们自己知识体系中的一部分。

基于以上对知识的理解的变化，教师对学生的教学也不能一成不变。由于学习者在日常生活和先前的学习中，已经形成了丰富的经验，他们会根据自己的经验形成对问题的假设和推理。所以在教学中，教师要把儿童现有的知识经验作为新知识的生长点，引导儿童从原有的知识经验中"生长"出新的知识经验。教学不是知识的传递，而是知识的处理和转换。教师不是简单的知识的呈现者，他应该重视学生自己对各种现象的理解，倾听他们现在的看法，洞察他们这些想法的由来，以此为依据，引导学生丰富或调整自己的理解。只有教师形成了这样的知识观，才不会对教育教学固执、偏执，才能使学生获得更好的教育。

教师要形成新的科学的学生观

这里所说的学生观，主要是指教师要变评价性的学生观为移情性的学生观。所谓评价性的学生观过多强调学生作为"受教育者"不足的一面，认为学生调皮捣蛋、不听话、愚笨的多。持此观点的教师或者胆怯而不敢管教学生，或者放任学生睁一只眼闭一只眼，或者对学生生硬粗暴，采取高压政策，致使师生对立。他们无法体会到尊师爱生的乐趣，教育对于他们来说简直就是一种煎熬。

所谓移情性学生观，认为孩子是天真的、可爱的、能教育的。持此观点的教师会用发展的、人道的观点来看待学生的不足，设身处地地体验学生的所作所为，耐心细致地观察、分析、了解学生的内心世界，以同情、真诚、热爱、关怀的态度对待学生，他们从不粗暴地对待孩子们的缺点。苏霍姆林斯基说过："每一个决心献身教育的人，应当容忍儿童的弱点。如果对这些弱点仔细地观察和思考，不仅用脑子，而且用心灵去认识他们，就会发现这些弱点是无关紧要的，不应当对他们生气、愤怒和加以惩罚！"

移情性学生观所带来的良好的教育效果和融洽的师生关系，不断地激发和维持着教师愉快的心境。

教师要形成新的科学的"差生"观

这里所说的"差生"观，主要是指教师要变经验型"差生"观为科学的"差生"观。经验型"差生"观认为：

（1）"差生"的出现是必然的。其理由是，人群中学习能力的差异是呈常态分布的，即学习能力较强和较差的人各占少数部分，大部分人的学习能力处于中间状态，因此，一个班学习成绩好的学生只能是少数的，同时必然出现一些学习不良的"差生"。

(2)"差生"形成的根本原因在学生自身。其理由是辩证唯物主义的内外因辩证关系原理。有的老师理直气壮地对"差生"家长说:"一样的班级、一样的教材、一样的老师,为什么别的学生就能学好,你的孩子就学不好?原因当然出在你孩子自己身上。"

(3)转化"差生"的方法是加强"差生"与好学生的对比。这样做的意图是使"差生"意识到自身存在的差距,从而奋起直追。[1]

"差生"往往是教师不良情绪的刺激源,像以上描述那样看学生,教师会加剧自己的负面情绪,这样不仅不利于教师自己的身心健康,也不利于所谓"差生"的身心成长。其实心之所见即眼之所见,有这样一个故事:

苏东坡与僧人佛印是好朋友,一天,苏东坡对佛印说:"以大师慧眼看来,吾乃何物?"佛印说:"贫僧眼中,施主乃我佛如来金身。"苏东坡听朋友说自己是佛,自然很高兴。可他见佛印胖胖堆堆,却想打趣他一下,笑曰:"然以吾观之,大师乃牛屎一堆。"佛印听苏东坡说自己是"牛屎一堆",并未感到不快,只是说:"佛由心生,心中有佛,所见万物皆是佛;心中是牛屎,所见皆化为牛屎。"吃亏的倒是大才子苏东坡。

所以教师应转变观念,使心中的"差生"形象变成以下形象:

(1)我们的孩子能学习。心理学家布鲁姆认为,学习能力差的学生和学习能力强的学生都可以掌握同样难度的学习内容,不同的只是在掌握某一内容的过程中,学习能力差的学生所需要的时间比学习能力强的学生略长,或者所需要的外部帮助多些。

(2)"差生"的形成教师有责任。心理学上有一个效应,叫"期望效应",也叫"罗森塔尔效应"。1968年罗森塔尔带着一个实验小组走进一所普通的小学,对校长和教师说明要对学生进行"发展潜力"的测验。她们在6个年级的18个班里随机地抽取了部分学生,然后把名单提供给任课老师,并郑重地告诉他们,名单中的这些学生是学校中最有发展潜能的学生,并再三嘱托教师在不告诉学生本人的情况下注意长期观察。8个月后,当他们回到该小学时,惊喜地发现,名单上的学生不但在学习成绩和智

[1] 王文. 论教师情绪调试的积极策略. 黄石理工学院学报(人文社会科学版). 2010.3.

力表现上均有明显进步，而且在兴趣、品行、师生关系等方面也都有了很大的变化。这一现象被称为"期望效应"，后来人们借用古希腊神话中皮格马利翁的典故，称这种现象为"皮格马利翁效应"。

（3）"差生"可能会需要心理辅导。多数差生学习不好的原因可能并不是由于智力不如其他学生，更主要的原因是心理障碍，最常见的心理障碍即为习得性无助。在心理学上，习得性无助是个体由于连续不断的失败体验而形成的对结果无法控制、无能为力、自暴自弃的心理状态。消除学生习得性无助的关键是不断用成功体验替代过多的失败体验，使之克服自卑感，树立自信心。

世界潜能激励大师安东尼·罗宾说："成功的秘诀就在于懂得怎样控制痛苦与快乐这股力量，而不为这股力量所反制。如果你能做到这点，就能掌握住自己的人生；反之，你的人生就无法掌握。"爱因斯坦说："真正的快乐，是对生活乐观，对工作愉快，对事业兴奋。"教师身兼教师自身和广大学生两大重要职责，更应该快乐生活、快乐教学。情绪左右生活、左右人生，所以教师们应当提升自己掌控情绪的能力，做情绪的主人。

【心理自助园地】

放松训练

呼吸训练：

1. 假想舒服的身体姿势，坐在椅子上是再容易不过的事了，闭上眼睛。

2. 让自己感觉到在呼吸，注意自己是在用嘴还是鼻子呼吸，以及自己呼吸的频率。

3. 然后，注意观察身体各部分，要细心注意身体肌肉群，看自己是否感觉紧张。这样保持一分钟。

4. 回到呼吸上来，用鼻做深呼吸，然后用嘴吐气，连续做几次这样平稳深沉地呼吸。当你吐气时，观察肌肉在干什么，注意肌肉是如何开始工作的。继续这样的呼吸几分钟。

5. 每次呼吸，你的横膈膜扩大，腹部收紧；每次吐气，腹部肌肉放松。

渐进性肌肉放松训练

1. 基本原理和练习过程的介绍

简述治疗原理：心理紧张和躯体紧张是并存的，只要你学会了肌肉放松技术，就能控制心理紧张。

概述治疗过程：肌肉放松是一项技术训练，我会教你学会绷紧、放松各部分肌肉，要注意体验紧张和放松时的感觉。要掌握好它，需做大量、反复的练习。掌握这项技术后，当你感到紧张时，就可以自我引导肌肉放松。

2. 活动的基本动作

(1) 紧张你的肌肉，注意这种紧张的感觉。

(2) 保持这种紧张感10秒钟，然后放松5~10秒。

(3) 体验放松时肌肉的感觉。

3. 训练过程

我现在来教大家怎样使自己放松。为了做到这一点，我将让你先紧张，然后放松全身肌肉。紧张及放松的意义在于使你体验到放松的感觉，从而学会如何保持松弛的感觉。

下面我将使你全身肌肉逐渐紧张和放松，从手部开始，依次是上肢、肩部、头部、颈部、胸部、腹部、下肢，直到双脚，依次对各组肌群进行先紧后松的练习，最后达到全身放松的目的。

第一步：

深吸一口气，保持一会儿。（停10秒）

好，请慢慢地把气呼出来，慢慢地把气呼出来。（停5秒）

现在我们再做一次。请你深深吸进一口气，保持一会儿，保持一会再慢慢地呼出来。（停10秒）

第二步：前臂

现在，请伸出你的前臂，握紧拳头，用力握紧，体验你手上的感觉。（停10秒）

好，请放松，尽力放松双手，体验放松后的感觉。你可能感到沉重、轻松、温暖，这些都是放松的感觉，请你体验这种感觉。(停5秒)

我们现在再做一次。(同上)

第三步：双臂

现在弯曲你的双臂，用力绷紧双臂的肌肉，保持一会儿，体验双臂肌肉紧张的感觉。(停10秒)

好，现在放松，彻底放松你的双臂，体验放松后的感觉。(停5秒)

我们现在再做一次。(同上)

第四步：双脚

现在，开始练习如何放松双脚。(停5秒)

好，紧张你的双脚，脚趾用力绷紧，用力绷紧，保持一会儿。(停10秒)

好，放松，彻底放松你的双脚。

我们现在再做一次。(同上)

第五步：小腿

现在开始放松小腿部肌肉。(停5秒)

请将脚尖用劲向上翘，脚跟向下向后紧压，绷紧小腿部肌肉，保持一会儿。(停10秒)

好，放松，彻底放松。(停5秒)

我们现在再做一次。(同上)

第六步：大腿

现在开始放松大腿部肌肉。

请用脚跟向前向下紧压，绷紧大腿肌肉，保持一会儿。　(停10秒)

好，放松，彻底放松。(停5秒)

我们现在再做一次。(同上)

第七步：头部

现在开始注意头部肌肉。

请皱紧额部的肌肉，皱紧，保持一会儿。（停10秒）

好，放松，彻底放松。（停5秒）

现在，请紧闭双眼，用力紧闭，保持一会儿。（停10秒）

好，放松，彻底放松。（停5秒）

现在，转动你的眼球，从上，到左，到下，到右，加快速度；好，现在从相反方向转动你的眼球，加快速度；好，停下来，放松，彻底放松。（停10秒）

现在，咬紧你的牙齿，用力咬紧，保持一会儿。"（停10秒）

好，放松，彻底放松。（停5秒）

现在，用舌头使劲顶住上腭，保持一会儿。（停10秒）

好，放松，彻底放松。（停5秒）

现在，请用力将头向后压，用力，保持一会儿。（停10秒）

好，放松，彻底放松。（停5秒）

现在，收紧你的下巴，用颈向内收紧，保持一会儿。（停10秒）

好，放松，彻底放松。（停5秒）

我们现在再做一次。（同上）

配合一些自己喜欢的节奏轻松舒缓的轻音乐效果会更好。

人类不是被问题的本身所困扰，而是被他们对问题的看法所困扰。

——伊壁鸠鲁

/ 教师的压力与身心修炼

【案例引导】

重重"重压"下的教师

"教师"历来是人们所敬慕与向往的一个职业,曾被誉为"太阳底下最光辉的事业"。然而,曾几何时,我们发现教师正背负着沉重的压力,压得他们喘不过气来。在网络新闻中,我们更是频繁听到"教师的压力"以及由此压力所导致的"惨剧"。

2010年4月,哈尔滨市呼兰区二八镇中学青年教师张健跳楼自杀,引发了人们对于教师压力的再次关注。

据张健的妻子回忆,张健为人开朗,工作上的事从不回家说,业余时间都用来备课和看书。只是最近几个月,张健回来经常说累,体重也掉了二三十斤,睡眠也不好。自杀前的几天每晚只能睡一两个小时,经常说压力特别大。

对张健的同事而言,张健的自杀实在太突然了!因为张健是学校的政治老师、团委书记。工作除了正常的教学之外,还经常要组织班级的各种活动,要办团会、检查班级管理、指导学生的思想工作等,压力很大。此外,同事还推测他的死可能和自己没当上教导主任有关。

据张健的姐姐回忆,张健在死前的一个多月几乎天天给她打电话,让她帮助调动工作,调动的原因和领导的矛盾有一定关系。起因是哈市的教师人事制度改革拟实行聘任

制，二八镇中学在教育局摸底上报时给张健挂了后勤副主任一职，对此张健无法接受，继而产生矛盾与压力。

张健生前曾被评为省级一级教师，先后十多次被评为先进教师的荣誉称号，并在1999年获得黑龙江省心理咨询师协会颁发的心理健康指导教师的结业证书。在同事眼里，张健是一名非常优秀的教师，而且是学校唯一的一名市级骨干老师，在学生中也一直有着好评。但在严重的压力之下，他始终没能通过自己的压力关卡。在张健自杀前的一个多星期，他在日记中留下了这样一段话，"昨天到哈市看了一趟病，又花了不少钱，我不是心疼钱，而是心疼自己的病，是我自己太脆弱了，走不出自我折磨的误区，我现在急需解决的是战胜自己，接受自己，就是一个普通老师又能如何？如果不能上班又能如何？不是也得活着吗？"

张健自杀前一直睡眠不好，多次到医院就医但始终没有改善。家人虽然想让他请假休养，又怕在即将开始的改革中被宣布下岗。因此每次看完病的第二天就得强迫自己去单位上班。自杀前两天，一走到校门口他就两腿哆嗦，不敢进校门，只得让家人将他接回家中。

实际上，像张健这样的例子，还有很多。这里也不便再多枚举。就客观现实而言，近些年来，教师的压力一直都在增加。由于教学质量提高的要求以及适应课改要求的压力，迫使教师不得不不断学习，以适应自己的工作需求。一位初中教师这样描述自己的压力感受，"我每天早晨6时走出家门，21时30分才能回到家里，吃完饭还要批改作业，每学期还要写出3万字的学习笔记，我身心俱疲，我不知道这样的日子何时能到头？"[1]

长春市一个普通初中工作近7年的一位班主任，每天不得不早晨5时50分就从家中出发，换一次公交，一个半小时后才能到达学校。讲课、备课、被听公开课、管理班级和学生杂事以及学生的意外事件，常常令其身心疲惫。每天早饭在公交车上吃，18时30分才能拖着疲惫的身躯回

[1] 谈谈教师压力的来源——中华心理学习网.
http://xinli.100xuexi.com/HP/20100425/OTD115001.shtml.

到家中,所挣的工资却不到2500元。在这个物价飞涨、房价悚人的省会城市,其生存压力可想而知。

同样,2006年到天津某重点中学工作的东北师范大学中文系女硕士,在工作的几年中不断抱怨自己的压力之繁重。虽然挣的工资不少,但是繁重的教学任务与工作压力,却压得她喘不过气来,整日都在疲惫、压力与单调乏味中度过。沉重的压力不仅使得她的健康严重受损,甚至都没有机会处男朋友。日复一日地在这个工作岗位上坚守着。

教师的压力之大,已经成为社会的一个共识。哈尔滨市第一专科医院副院长张聪沛更是指出,目前在他接受的心理疾病患者中,教师人数也已经位居第二。这些人在工作的重压或遭到大的打击之后,常表现出焦虑、烦躁、消沉、绝望等情绪。而且,这些教师的情绪发泄与疏通渠道并不畅通,常将压力自己默默忍受。一位重点学校的教师更是说出这样的话,"在学校,我每天装得人模人样,但你不知道我心里有多郁闷! 而且时常会跳出一个念头——活着真不如死了好!"

案例分析:

就社会民众的一般看法而言,"教师"是一个带着光环的职业,事业单位、铁饭碗、待遇高、两个假期,甚至艳美家长经常给班主任送礼等等。实际上,这些都是外围人士对于教师这一行业的肤浅理解。对于"教师"这一职业本身的压力了解不多,而且感受也很浅薄。

随着近些年来教师编制的日趋饱和,教育系统以及学校本身对教师要求的不断提高,需要教师不断提高学历,因此许多教师不得不函授大专、本科、硕士,甚至博士,以免在教师生存队伍中处于不利地位。同时,很多学校也制定了很多标准来考核教师的各项工作,有些学校甚至给教师制定出了硬性的指标。因此,教学压力、升学压力、班级管理压力等等自然成为教师身上的一副重担。尤其是对许多青年教师而言,刚刚走上工作岗位,需要恋爱、成家,需要良好的经济条件来养家、需要时间来陪伴家人。然而,微薄的工作收入，过多的时间占用，每晚备课占去了他们绝大多数的时间，隐形的工作占去了他们的闲暇时间，这些都是教师压力的写照。为了评职、升学、科研等等，加之学生的难于管理，近几年来楼价的飞涨以及通货膨胀，很多教师到了成家年龄却买不起房子，每天不得不把大量的时间用到学校工作、晚上加班、夜里备课、批改作业等等。所有这些都大大增加了教师的压力。因此，近些年来，我们经常听到的教师职业病、教师压力过大、教师心理疾病增多、教师自杀等事件，这些都是教师所承受的压力日益增大，超过教师自身负荷的表现。

教师压力过大，不仅会造成教师自身心理的负重，而且往往会对教师的身体健康造成严重影响。因此，无论是教育系统、学校管理者，还是教师自身，都应当对教师的压力状况有正确的认识，通过各种途径努力改善教师的压力过大的问题。就教师自身而言，则有必要掌握与压力有关的心理学知识，学会正确的压力调节之道。

/ 教师的压力源分析 /

实际上，在现实生活中，教师承受着多样的工作与生活压力，只不过不从事教师工作，无法感受这份压力的存在而已。那么，何为"压力"？"压力"有哪些表现？"压力"究竟会给人们造成哪些影响？"教师"面对的压力主要有哪些呢？所有这些都需要我们首先对"压力"的概念、内涵及作用有一番深刻的了解。

心理学视角下的"压力" /

"压力"（stress），在心理学中又被译为"应激"，它是指个体对作用于自身的内外环境刺激，自觉或不自觉地作出认知评价后，引起的一系列身心反应过程。它尤其是指自我处理能力不适合自我设定或外界产生的要求时，所产生的一种内心感受及身体反应。压力一般有低、中、高三个等级之分。研究表明，过低的压力不会对人的生理和心理健康造成影响，但却容易使得自我的成就动机过低；过高的压力容易使个体产生较高的成就，但也容易对个体的生理和心理健康造成损伤。只有中等的压力，才能在保持个体生理心理健康的基础上，实现个体的较高的成就。

【心理自测】

测试你的压力

测试: 你对压力的身体反应如何? [1]

指导语: 把最能代表你出现如下生理征兆的频率的数字圈起来，然后将这些数字加和。

	从不	不经常 (半年一次以上)	偶尔 (一个月一次以上)	经常 (一周一次以上)	总是如此
1. 紧张性头痛	1	2	3	4	5
2. 偏头痛	1	2	3	4	5
3. 胃痛	1	2	3	4	5
4. 血压升高	1	2	3	4	5
5. 手冷	1	2	3	4	5
6. 胃酸	1	2	3	4	5
7. 呼吸喘促	1	2	3	4	5
8. 腹泻	1	2	3	4	5
9. 心悸	1	2	3	4	5
10. 手抖	1	2	3	4	5
11. 打嗝	1	2	3	4	5
12. 唉声叹气	1	2	3	4	5
13. 小便频繁	1	2	3	4	5
14. 手足出汗	1	2	3	4	5
15. 油性皮肤	1	2	3	4	5
16. 感到疲倦	1	2	3	4	5
17. 气喘吁吁	1	2	3	4	5
18. 口干	1	2	3	4	5

[1] 转引自: [美]Jerrold Greenberg. 全面压力管理[M]. 北京: 高等教育出版社, 2008: 31-32.

19.手颤	1	2	3	4	5
20.背痛	1	2	3	4	5
21.颈僵	1	2	3	4	5
22.嚼口香糖	1	2	3	4	5
23.磨牙	1	2	3	4	5
24.便秘	1	2	3	4	5
25.胸部或心前区感到紧张	1		3	4	5
26.头晕	1	2	3	4	5
27.恶心、呕吐	1	2	3	4	5
28.月经不调	1	2	3	4	5
29.皮肤生斑	1	2	3	4	5
30.心脏剧烈跳动	1	2	3	4	5
31.结肠炎	1	2	3	4	5
32.哮喘	1	2	3	4	5
33.消化不良	1	2	3	4	5
34.高血压	1	2	3	4	5
35.换气过度	1	2	3	4	5
36.关节炎	1	2	3	4	5
37.皮肤疹	1	2	3	4	5
38.颌痛	1	2	3	4	5
39.过敏	1	2	3	4	5

注:

40—75　低度压力反应生理征兆　　76—100　中度压力反应生理征兆

101—150　高度压力反应生理征兆　　150以上　极度压力反应生理征兆

压力的表现

对于压力的征兆及压力表现的有效识别,是成功减低压力的首要前提。

压力的阶段

按照心理学家汉斯·塞尔耶(Hans Selye)的看法,"压力是身体对需求的一般反应,愉快或不愉快都依赖于压力。"[1]在他看来,任何紧张性刺激对于个体都分三个不同的阶段做出反应,分别为警戒阶段、抵抗阶段,以及衰竭阶段。

在警戒阶段,人的身体自动地紧张起来,抵御知觉到的紧张性刺激。如血压升高、心跳加快、呼吸急促、手心出汗、嘴唇干渴、身体处于僵直状态、肾上腺素也明显增加等等。这时人体感受到着急,警觉水平也开始增加,作为身体警报驱使身体做出"抵抗或逃避"的反应。在一段时间后,个体可能会产生疲劳并且可能伴有焦虑感和挫折感,工作质量也会受到影响。

在抵抗阶段,身体开始做出反应保护自己,并调整自己来适应压力,自我努力克服"抵抗或逃避"的反应。抵抗是自我调适的一种形式,它将持续作用直到压力消失。如果压力刺激仍然持续,则会产生压力反应的第三阶段,也就是衰竭。在这个阶段,人们会觉得像被驱赶一样,总是觉得非常疲惫。而且,疲劳可能会引起个体的记忆力衰退。持续一段时间后,会损害人的健康,如肠胃不适、头痛、晚上容易腿部抽筋等。

在衰竭阶段,压力长时间持续妨碍我们正常的各种活动,恐慌症状重复出现。使得身体的防御能量几乎耗尽,使得我们无法承受新的压力,会使人们有一种失败感,长期下去造成身体的疾病,如偏头痛、冠心病、疱疹等等。

压力的生理与心理征兆

过多的压力,容易造成个体决定能力的下降,使得个体常常把时间和心思放在消极思维上,担心过多。太多的压力还容易使个体心理疲劳,精力难以集中,记忆力下降。

高水平的压力对智力功能的影响:

*头经常昏昏沉沉的;

*注意力不像从前那样高度集中;

*失去从前可靠的记忆力;

*开始无法做出令自己满意的决定;

[1] [美] Thomas L. Creer. 心理调适:实用途径[M]. 北京:北京大学出版社, 2004:88.

*开始无法解决脑海中的难题；

*失眠。

压力的第三阶段对身体的影响：

*呼吸困难；

*经常性头痛；

*耳鸣；

*频繁使用头痛类的非处方药；

*恶心、头痛；

*心悸、胸痛；

*频繁的胃灼热、胃痉挛、腹泻和无法吞咽；

*睡眠障碍；

*在无外力作用的情况下颤抖、腿抽筋或疼痛；

*心律不齐；

*精疲力竭，感觉自己要昏厥；

*染上周围人的任何疾病；

*大量流汗。

长期压力导致患者意识不到的一些身体变化：

*血压增高和心跳加快；

*血液分流到肌肉之中；

*血糖含量增高；

*肾上腺素增加；

*胃肠蠕动减弱；

*瞳孔扩展。

压力的持续加大在情绪中的表现：

*害怕；

*恐慌；

*生气；

*否认；

*逃避；

*情绪反应的愤怒与不理性；

*容易对情境做出过度反应；

*感知觉非常低下和迟钝；

*所有的欢乐、笑声、愉悦都干涸了；

*眼泪好像没有理由地就在眼眶里打转；

长期高度的工作压力会导致心理衰竭，表现为：

*情绪衰竭；

*人格分离；

*感觉不足。

压力与健康的关系

如果压力仅仅是一种令人压得喘不过来气的不舒服感觉，如躯体紧张、出冷汗、呼吸急促、心情憋闷等状态，那已足够令人烦恼。不幸的是，慢性压力还可能引发健康不良。有关压力与健康关系的例子俯拾皆是。

压力与健康有着重要的关系。由于过度压力所导致的健康受损状况的现象屡见不鲜，已成为与工作有关的第二大常见疾病。一般而言，压力会破坏人的免疫系统的能力——压力对免疫系统影响与破坏的水平取决于压力事件的性质、持续时间以及压力事件发生的频率。

长期的压力除了影响身体健康外，还容易导致人的心理疾病。长期压力导致的比

较常见的心理疾病是抑郁、衰竭和崩溃三个方面，呈现出逐步加重的三个阶段。

首先，就抑郁而言。抑郁是影响力最大的心理疾病。抑郁的产生十分普遍，长期的抑郁容易导致人们在工作中精力难以集中，严重的甚至会引发思维障碍，更严重的则会产生自杀倾向和被迫妄想症。生活中丧失亲人、失业、离婚、严重经济损失等都可能使个体产生抑郁，它是个体应对个人危机的一种反应。大多数人在生活中的某段时间都可能患有轻度的抑郁症。

其次，就衰竭而言。衰竭一般是原本对工作热情、认真的人变得对工作没有兴趣。一般辛勤工作的个体由于长期的或过重的压力，变得情绪衰竭、心理衰竭，或是身体衰竭。通常表现为：个体对工作失去兴趣；快乐、热情与安全的感觉被抑郁、冷漠和焦虑所替代；缺乏生活与工作之间的协调。就个体本身而言，这个阶段的个体越来越倾向于消极思考，对事物控制的感觉严重减低，自我的无用感，工作中及工作外的关系均存在问题。

最后，崩溃表现。当某人长时间持续处于高压力之下，就会变得彻底筋疲力尽，崩溃可能随即发生。崩溃的表现一般有：强迫行为；极度的情绪波动，躁狂抑郁症；令人难以想象的非理性行为；尖叫、大喊、自残等。

教师的压力 ╱

教师压力的存在，是一个客观现实。要想对教师压力的来源进行深入分析，就必须对教师进行相应的细分，只有这样才能更有针对性地看到教师压力的来源所在。此种细分，主要是将高校教师与非高校教师区分开来，此种区分主要是由于高校教师承担着很重的科研压力，这是其他类型的教师所没有的。科研压力占去了高校教师过多的业余时间和闲暇时间，使得他们不得不坐在家中或者是在实验室、办公室学习或搞科研，长时期的时间消耗方能出一点点成果。正是此种压力的特殊性，所以有必要将其与中小学及幼儿园教师区分开来。

高校教师的压力

高校教师压力的现状

目前，"高校教师的压力"已经成为新闻热议的一个话题，也逐渐成为人们关注的一个重点。尤其是近些年来高校改革的实行，高校教师的压力日趋增大。无论是评定职称，还是职务晋升都成为高校教师的重要压力。尤其是近些年来，知识媒介的多元化、网络化，知识爆炸的时代使得大学教师为了保住自己的职位，不得不使自己"终身学习"。2003年左右，本科学历就可以当大学教师；而到了2008年左右，必须是硕士才有当大学教师的资格；到了现在，只有博士毕业才能担任大学的教师。

2011年，南京航空航天大学的一个心理调查显示，高校教师存在诸多压力。调查结果指出，职称或职务晋升已经成为高校教师第一心理压力。对青年教师群体来说，他们的压力更加突出。繁重的教学科研压力、评职压力、工资待遇、购买房屋等成为教师压力的主要来源。此外，人际关系、婚姻家庭等均成为高校教师压力的重要影响因素。南京航空航天的一位近40岁的教师这样描述，"高校教师的压力很大，包括生活压力、学习压力、工作压力等。一边做好教学、一边也要搞好科研。几乎所有的时间都用于工作了，压力很大。"更严重的是，随着近些年高校的大规模扩招，学生质量的下降，教务要求的提高，科研评职标准的提高，都给高校教师带来严重的压力。

就高校教师的压力而言，青年教师的压力尤为突出。青年教师刚刚参加工作，收入不高，房价却持续上升，工作、生活压力很大。华中科技大学教育学院副院长沈红在接受记者采访时，对高校教师的压力极为关注。生活压力、工作压力、评职压力等都给薪金微薄的教师个体以极大的压力。许多青年教师不得不用课余的绝大部分时间来备课，而且往往是一些老同事不爱上的新课。此外，还经常有部门的一些填报申请资料，以及一些部门中原本属于行政人员该干的活，都压在了青年教师的肩上。加上学校对教师的考核主要以青年教师为主，听课、写教案、发论文、短时期内极高的评职规定等等,都给青年教师极大的压力,使得他们不堪重负。虽然每天都顶着劳累与疲惫,工资挣的却极少,一年下来的存款只够买1-2个平方米的房款,常常令他们备受打击。

【案例再现】

高校教师压力现状

(一)

32岁的李成,是安徽某省属大学的一名高校教师。硕士毕业留校,后来又在学校读完博士。寒假,对李成来说,是难得的"整块时间"。不必整天忙着备课,不必接听学生的电话,也不必批改大量的作业和试卷,更不必奔波在新老校区的车上。终于可以趁着寒假的时间修改博士论文,以便出版成书,以备来年评职之用。同时也意味着,李成一个寒假的时间又要在忙碌中度过。32岁的李成刚成家不久,除了工作之外,还得经常帮妻子照顾1岁的宝宝,或者帮妻子做家务活。除此之外,每天只能把自己囚困在房间的电脑旁,直至凌晨。虽然寒假还要一直忙碌,但李成仍然感觉比没放假前好多了。一个学期下来,李成整整给大一上了两门专业课,108个学时;大二一门专业课,54学时;二级学院一门专业课,54学时;成教学院集中授课36学时;研究生课程36学时。他所带的一个大班的写作课,130名学生,按照学校规定的每学期3次作业的标准,他要修改390份的学生作业,最起码连续批改一周。此外他还要背负很多学院的"隐形工作",常常令其疲惫不已。此外,生活的压力也让和他一样的许多年轻教师不堪重负。不尽如人意的工资待遇让他回到老家后难以启齿,常感觉自己与家人期待的差距甚大。

(二)

30岁的姜涛在中部地区的一所综合性院校任教。近年来,所在学院师生比连续下滑,使得他们这样的青年教师压力不断增大。工作5年,每次上课仍然得小心准备,用3—4倍于正常课时的时间备课,怕的就是督导不请自到、随机听课;同样也怕学生给老师打分,学生不满意被"哄"下去。因此,一方面要认真完成教案,以应对部门检查;另一方面又要创新教学模式。光是刚参加工作的头3年,姜涛就已经上了6门专业课,而且都是新课。并且每一门新课,都必须慢慢学习消化,查找大量资料,消耗大量的课余时间来备课。每一次上课之前都至少要准备一天到两天的时间。总是换新课，"就像挖井，换了好几个洞，每次都是离水源差一点就被迫停了。"

（三）

项飞原是一所中专的老师，后来毅然辞职考上了硕士，毕业后到一所普通农业大学工作。工作之后，才发现高校青年教师的压力之重。学校每年都规定很高的科研任务，论文与课题，只有达到标准，才有可能与房子、奖金、职称等搭边。虽然也一直努力，却发现困难重重。向许多好的刊物投稿，那的最低要求都是博士、副教授才有可能在上面发论文的可能。即使是十分普通的刊物，版面费也接近自己工资的1/4—1/3，很多课题都需要找人"打招呼"，没人没钱没关系，只能频频受挫。没有论文与课题，职称就上不去，自己也抬不起头。而且沉重的教学负担，使得他很少有空闲的时间与精力去全力搞科研。因此，项飞选择了考博。幸运的是他如愿以偿，虽然很累，但他相信博士毕业后能够好很多。面对日益繁重的压力，他只能戏称自己为"教书匠"和"论文民工"。

高校教师压力的主要来源

高校教师的压力，可以说来自很多方面，具体而言主要包括以下几个方面。

首先，生活压力。高校教师尤其是青年教师的生活压力很重。很多青年教师博士毕业就30多岁了，微薄的安家费远远不够购房的首付，加之房价的飞涨、物价的膨胀，3000—5000千块钱的工资水平，显得杯水车薪。很多青年教师这个时期正面临成家、抚养孩子、回报父母等社会化任务，青年教师的压力可想而知。

其次，科研与评职压力。除了生存压力之外，高校教师压力最大的就是科研与评职压力。目前高校的科研与教师的收入、声望、评职等等均挂在一起。很多教师不得不在面临繁重教学压力的基础上，同时担负沉重的科研压力。由于目前高校对于学术成果评定的功利化与短视化倾向，逼迫教师必须在短期内达到学校一再提高的科研要求。因此，教师为了评职，不得不加大对于自己的要求，不断学习研究，不得不努力找关系求课题、发论文等等。不少40多岁的教授身体严重透支，"三高"频发，亚健康

严重，有的甚至"英年早逝"。按照华中科技大学教育学院副院长沈红的看法，当前问题是外部评价体系有弊端；学术气氛过于浮躁，太过注重学术研究的现实收益；不少学者喜欢做有商业前景的学术项目，把学术研究变成"提款机"。

再次，教学压力。教学压力是教师必须面对的工作压力。问题是，很多教师所教的课与其所学的专业并不相符，学院或系里一些老教师不爱上的课，就得交给新来的年轻教师来教，因此，重新学习新的课程、专业、书籍，查找资料、备课所用的时间往往超过正常上课时间的7—10倍左右。而且往往一学期上好几门新课。例如，小郭是某高校的一名教师，在工作的第二学期，除了要教本科公共大课（两周18节）之外，还要上一门大学生素质课，每周4节，此外还要上36节专业硕士课、32节硕士公共课。每周星期五的7—8、9—10节都得上课，星期六的1—4节在另一个校区还得上大学生素质课（走路需25分钟）。每周星期五疲惫地上完晚课后，都得急忙接着准备另一门新课，晚上要忙到12点到凌晨1点多，第二天早晨6点起床。结果每个周末都异常疲惫。

最后，其他工作压力。实际上，很多教师不仅承担教学与科研任务，还要从事很多隐形的不得不从事的"工作"。不少青年教师刚工作需要担任班主任，看晚自习。有的青年教师还兼职担任"行政助理"、"学术秘书"等，这类职务往往占去教师大量的闲暇时间。更有高校隐性地规定青年教师必须得为部门进行资料申报、资料书写、会议筹办跑腿、行政杂事等等。有些教师，还要与学校一些老教师从事一些课题研究，压力更是陡然增加。27岁的大学教师周红刚刚工作。寒假本来应该回老家，但由于她的领导去年拿了一个社科基金，面临结题，很多活还没有做，最后就托付给了周红。由于学期备课、教学、监考、批卷等等，最后这个活只能在寒假完成，她只能寒假把自己圈在学校的寝室里，光荣地完成任务。

非高校教师的压力

非高校教师压力的现状

目前教师的压力是一个全社会所共知的一个事实。新闻报道经常听见教师压力的各种事例。无论是初中教师、高中教师，还是小学、幼儿园教师都面临着诸多的压力。2007年9月15日，《重庆晚报》声称"面临十大压力，教师不好当"。2007年，重庆市做了一份教师压力的调查，结果显示76.9%的教师感觉压力大，51%的教师落下"职业脖"，37%的教师产生职业倦怠感，长期工作忙碌婚姻也亮起红灯。

表面看来，教师每天只上几节课。实际上，教师用来备课、批改作业、批改试卷、管理学生所耗去的时间要远远大于一般的上班族。教师很多夜晚与周末都得用来批改作业、试卷，用来备课。班主任老师更是每天都生活在筋疲力竭之中。每天早上6点多出发或到学校，晚上10点多看完自习才能回到家中。长时期的这种状态只能造成教师的倦怠感与极大的生活压力。"工作"对于教师时间的占有，最终只能牺牲教师个体生活的品质，甚至造成生活问题。如很多中学女教师三十几岁还没有结婚，很多还没对象，其原因是在学校从早忙到晚，根本没有时间谈恋爱。很多学校实行封闭式管理，许多教师不得不"同城分居"。而且，现在家长的要求越来越高，很多家长溺爱孩子，对教师越来越挑剔，使得教师们压力越来越大。很多家长有自己的一套理念，对老师的教育方法不以为然。很多学校实行聘任制之后，教师怕被解聘，工作压力越来越重。另据上海市的一项调查，有38.5%的老师对学校的管理制度和领导风格不满意，但是出于对上级和领导的服从，为保全自己的饭碗，很多老师委曲求全，有好的建议也不敢提，有好的方法也不敢去试，独立的个性被磨蚀，并且过大的工作竞争压力对身心造成伤害。此外，教师们还存在着过度疲劳对身体造成损害的压力；收入不如其他行业的压力；学校升学率考核的压力；为职称忙碌的压力；学生家长不理解教学方式等诸多压力。

2004年9月的一个300份样本的调查显示，八成教师工作时间超过8小时且认为自己付出与收入不成正比，七成教师容易失眠。调查结果显示，"52.3%的教师工作时间在8—10小时之间，另有30%的教师表示自己工作时间已经超过了10小时，只有17.7%的教师表示自己工作时间是8小时。另有39.1%的教师反映自己每周工作6天，还有12.7%

的教师则表示自己很少休息，但也有48.2%的教师表示每周基本能保证2天休息。"[1] 最近又有调查显示，近四成教师觉得工作压力很大；八成教师认为自己挣得少；班主任压力最大；七成教师容易失眠。结果显示有70.4%的教师容易失眠，还有少数教师经常表现出头疼、少食、抑郁、烦躁、忍不住要发脾气等问题。23.1%的中小学教师，表示自己工作中每天都有烦心事，部分学生上课不认真听讲、学生课后打闹、有的学生完不成作业等等，老师都要想方设法解决。选择从来没有烦心事的老师比率为0。

教师压力大的原因有很多种，72.7%的教师压力大的原因是学生太难管，另有68.4%的教师表示学生升学带给自己的压力太大，还有近40.3%的教师表示现在教师也面临着下岗，因此压力也大大增加。调查结果显示，中小学教师中班主任的压力最大，超过70%的老师表示不愿做班主任。

最近一项调查显示，教师群体中患有职业病的教师达到34.5%。长期站着讲课、吸食粉笔灰、大声讲课、伏案批改作业等，使得教师染上了颈椎病、肩周炎、腰椎病、静脉曲张等，中青年教师倒在讲台上的个案也屡见不鲜。此外，随着教师压力的加大，导致教师的心理疾病问题也令人堪忧。

陕西某25岁的女教师，因患有严重的心理疾病而服毒自杀，遗书上写下了这样的问题，"这学期，我不知怎么了，干事没头绪，遇事急躁，没有教好学生，心里很难受，感觉自己是在耽误学生，想起这些不如死了算了，因为我始终记得一句话：误人子弟，杀人父兄……"无独有偶，江苏省盐城市一名30多岁的男教师因解答不出学生的提问，竟自杀身亡。不久前，中国中小学生心理健康教育课题组采用国际公认的SCL—90心理健康量表这一工具，由心理学专业人士对教师实行检测。检测表明，69%的被检测教师自卑心态严重，另外，忌妒情绪明显、焦虑水平偏高等也是较突出的问题。

过重的工作压力导致教师心理被严重挤压扭曲。"考不完的试，做不完的活，操不完的心，压得我透不过气来，整日心绪不宁！"一位教师表达出了很多教师平时真实的

[1] http://learning.sohu.com/20040909/n221958886.shtml.

哀怨。疲劳过度对身体伤害、收入不如其他行业、学校升学率考核、为职称忙碌、家长不理解等等，都成为教师所要面对的现实压力。更有相关统计表明，目前七成左右的教师患有咽喉炎，北京慈济健康体检中心体检结果表明，"7000名教师健康检查只有0.6%的人是完全正常"，因此教师压力导致职业病已不容忽视。

非高校教师压力的来源

教师压力来自很多方面，调查结果表明，造成中国教师生存状况不佳的主要原因可以划分为：薪酬与回报(包括工作得不到客观、公正的回报；工作缺乏成就感；经济负担)；管理制度与体系(包括规章、制度与要求存在很多不合理的地方；被动地适应单位各种改革；工作得不到领导的理解与支持)；绩效管理(包括过多僵化的考核与评比；负担过重)；社会环境(包括社会地位不高；学校与家长过分关注学生的分数)等等。具体而言，包括以下几个方面：

(1) 工作压力。教师的压力，直接来自于其所承担的工作。一方面，教师的工作量大，工作时间长。备课、批改作业、上课管理学生等都构成教师重要的工作压力。据调查，我国中小学教师人均日平均劳动时间为9.67小时，比其他岗位的一般职工平均劳动时间高出1.67小时，其中睡眠时间比一般职工平均少1小时，娱乐时间少0.5小时左右，积累起来，年超额劳动时间为420小时。教材的不断改革，教育考核压力逐渐加大，来自学生与家长的压力也大大增加。不断增加的考试压力、班级竞争与班级评比等与教师的奖金、评职直接挂钩，使得教师的压力不断增大。同时，教师的人际关系，同事间的竞争，也是导致压力的重要因素。

(2) 经济压力。经济压力是教师压力的根本所在。如果忙碌的工作能够带来足够的经济回报，让自己以及家人的经济无忧，那么教师的压力也将大大减轻。问题是，教师的工资待遇一直都低于社会的其他行业。尤其是对青年教师而言，微薄的工资收入根本无法买得起住房，即使买得起也要背负着沉重的债务贷款，成为一个房奴。整天生活在经济压力的阴影下。很多青年教师还要为成家、养家、抚养子女、支付子女教育费用、抚养父母等等操劳与分心。

社会环境的压力。来自社会环境的压力表现在以下几点：首先，社会成员对教师的要求和期望过高，使得教师不得不提高自己的工作质量。努力提高讲课水平，提高学生的升学率，要求他们只讲奉献，具备更高的道德等等，使得教师承受巨大的心理压力。其次，社会其他行业的高收入，以及社会对于金钱的看重，使得教师压力过重。教师超负荷的劳动支出与微薄的工资收入，与社会中的大款、富二代等等形成鲜明反差。最后，家长仍然把学生的高分数和升学看作成才的重要标志，引起了学校之间不良竞争，导致教师为了学生成绩加班加点，从而负担过重，压力过大。

(4) 管理因素。管理因素导致教师压力过大，表现在两个方面：首先，学校教学管理制度落后，管理思想僵化、制度和考核指标的非人性化、管理过程操作的机械化等通病。简单的量化考核使教学模式化、标准化，降低了教师自主性的发挥空间；制度制定与实施的非人性化，损害了教师的自尊，降低了教师工作的积极性；工作竞争性妨碍了教师间良好人际关系的建立；改革本身政策的不稳定性都给教师心理上造成了较大负担。其次，不合理的教师评价机制，其最大的弊端就是评价标准单一。没完没了的来自各个行政部门的评估、评审，让教师不能安心进行教学，不但要花时间准备应付，更使得公开课成为表演课。

教师的压力与健康

压力与疾病的关系

正如前面所述，压力可以导致健康的受损一样，压力同样会导致很多疾病。相关数据表明，当代美国几乎一半的死亡都与不良的生活方式有关，如缺乏营养、缺乏锻炼、吸烟、不能管理压力等等。研究表明，经历失去亲人的人免疫水平将低于平均水平，口腔疱疹的再次出现也与过度的压力有关。此外，由于压力导致的"焦虑的感觉、神经紧张、愤怒或者压抑着的狂怒都和偏头痛有关系"。[1]此外，长期的压力还会导致高血压、中风、冠心病、溃疡、偏头痛、紧张性头痛、癌症、过敏、哮喘、背痛等疾病的发生。

教师的压力与健康状况

教师由于工作繁忙，长时间的应激劳作以及超负荷劳动，使得很多教师都患有职业病，很多教师的身体也都处于亚健康的状态。

黄石某小学的一位教师感叹"教师的压力之大"。仅2008年一年，其所在学校就有两位老师因颈椎病引起脑供血不足，晕倒在课堂上，其中一位老师只有20多岁。颈椎病、腰椎病等中老年高发病，已经成为教师的职业病。

2007年，延吉市北山小学33岁的青年男教师杜继春忍着腹部疼痛坚持给学生们上课，结果因延误治疗，导致腹腔积血过多倒在三尺讲台上，不幸殉职。这个事例让我们对教师的压力与健康问题深感担忧。据延吉市第一高中的林老师介绍，她的同事很多都处于亚健康状态，这些老师虽然没有大病，但很多都靠药支撑着上班。毕业班老师的身体健康状况令人堪忧。更有某位老师自己坦言，自己压力大的时候，总是觉得事情庞杂，千头万绪，经常感觉身心疲惫，胸闷发慌。这些都需要教育管理者、学校以及教师自身，加强对于自身压力的关注，对于自身健康的关注，通过多种途径化解教师的压力，促进教师的健康。

/ 选择健康的应对方式 /

健康的应对方式是正确对待压力、排解压力、实现自我健康的重要保证。以下几种方

[1]　[美]Jerrold Greenberg. 全面压力管理[M]. 北京: 高等教育出版社, 2008: 43.

式对于教师个体积极地应对压力、减缓压力有重要作用。具体应对方式如下：

调整态度，正确认知自己当前的压力状况 ／

就教师本身而言，清晰地认识自己当前所承受的压力至关重要。只有对自己当前面对的压力都有正确、清晰、充分、合理的评估，对这些压力的来源、压力产生的原因、压力对自己健康与生活的影响都有充分的认识，继而才能有正确合理的行动。每个教师在现实生活中都面临很多工作、生活、经济、人际、家庭等一系列压力。因此，需要做到以下几点：

1.采用积极的态度，承认压力的客观存在。承认"我们所有人都体验到压力。它是生活中无法避免的一部分。"[1]承认压力的客观存在性，在此基础上，对自己当前所面对的压力进行客观的分析。

2.调整态度、正确认识压力源的存在。对压力环境的熟悉性、对压力事件的控制性、对压力的预测性以及压力潜在威胁的迫切性都应有正确合理的认识。在对压力充分估计的基础上，对思维进行积极的改造，建立起积极的生活态度，改变不切实际的信条，保持积极心理暗示，以积极的心态应对压力。

---

[1] [美] Thomas L. Creer. 心理调适实用途径[M]. 北京: 北京大学出版社, 2004: 91.

你是如何应对压力的?[1]

请在最符合您过去两个月内的应对方法的数字上画圈。

从不 极少 很少 有时 经常 总是						
1.请求他人帮助	0	1	2	3	4	5
2.倾诉我的困扰	0	1	2	3	4	5
3.管理我的时间,不至于匆匆忙忙	0	1	2	3	4	5
4.保持客观,不从个人角度考虑事物	0	1	2	3	4	5
5.享受爱好和休闲活动	0	1	2	3	4	5
6.通过锻炼和健康的饮食保持身体健康	0	1	2	3	4	5
7.放下一些事情	0	1	2	3	4	5
8.在任何可能的情况下委托他人代办	0	1	2	3	4	5
9.向上级寻求建议和信息	0	1	2	3	4	5
10.朝着既定目的和目标工作	0	1	2	3	4	5
11.退一步把事情想一遍	0	1	2	3	4	5
12.保持家庭与工作相分离	0	1	2	3	4	5
13.用愉快的事务(礼物、衣服或食物)犒劳自己	0	1	2	3	4	5
14.面对人群有退缩性行为——将事情封存起来	0	1	2	3	4	5
15.对额外的工作说"不"	0	1	2	3	4	5
16.与家人和朋友一起共度时光	0	1	2	3	4	5
17.未雨绸缪(提前计划数日、数周、数月、数年后的事情)	0	1	2	3	4	5
18.对自己有切合实际的期望,接受自己的局限性。	0	1	2	3	4	5
19.被工作以外的奖励和创造性活动所吸引	0	1	2	3	4	5
20.为计划好的放松活动空出时间(午餐时间、晚上、周末、节假日)	0	1	2	3	4	5
21.工作更长的时间	0	1	2	3	4	5
22.敞开地、直接地表达情绪	0	1	2	3	4	5
23.向伙伴/亲密朋友倾诉工作问题	0	1	2	3	4	5

[1] [英] 安·埃德沃斯. 高等院校压力管理[M]. 南京:江苏教育出版社, 2010: 78-79.

24. 为要做的事情列出清单并且排出优先级	0	1	2	3	4	5
25. 接受不可改变的情况	0	1	2	3	4	5
26. 在家"熄火"和放松	0	1	2	3	4	5
27. 在精神活动和沉思中找到舒适感	0	1	2	3	4	5
28. 提高酒精、香烟、药品以及食物的摄入量	0	1	2	3	4	5

得分

自信	社会支持	自我管理	理性	爱好/休闲	自我保护	适应不良
1.	2.	3.	4.	5.	6.	7.
8.	9.	10.	11.	12.	13.	14.
15.	16.	17.	18.	19.	20.	21.
22.	23.	24.	25.	26.	27.	28.
总计:	总计:	总计:	总计:	总计:	总计:	总计:

建立正确的价值观念，增强自身应对工作及生活压力的能力 /

任何人都不可能生活在没有压力的真空之中。压力会随着工作、生活等不断涌现。过高的压力容易造成人的健康受损以及心理疾病，过低的压力则会导致个体惰性的增加，使得个体成就降低。只有中度的适当压力才能使得个体在保持身心健康的同时获得较高的工作成就。因此，树立对待压力的正确观念，提高自身应对工作及生活压力的能力至关重要。要树立正确的价值观念，就需要做到以下几点：

1. 明确自身的价值，认识自我的优点及缺点，在对自我明确认识的基础上，树立正确的自我定位。调整过高的导致高压力的目标追求，缓解可能带来的高压力。

2. 不过分苛求自己与他人。过于苛求自己容易给自己造成过重的压力，长期下来只能使自己身心疲惫，筋疲力尽。过于苛求他人，只会造成自我与他人的矛盾，不能正确认识问题产生的原因。

3. 做现实性选择，改变能够改变的，接受不能改变的。对于现实的正确态度应当学会良好地适应。对于自己能够接受的价值理念，应当采取同化的策略；对于自己不能接受的，则尽量采取顺应的态度。改变你所能够改变的，接受你所不能改变的，只有这样，才能在压力来的时候泰然处之。

4. 学会适当地委曲求全。适当地委曲求全是一种灵活性、适应性的表现，适当地委曲求全能够减少自己与外界不必要的冲突，为自己营造一个相对较好的人际空间与生活空间。

5. 改善个人的心理压力反应。不同的个体，对待相同的压力往往有不同的反应，而不同的反应则导致自我不同的处境。理性化的思考与反思，是改善自我应对压力反应的重要前提。只有经常地反思，才能不断提高自我应对压力的能力。

6. 学习有效工作的方法，提高工作的效能感。工作任务的繁重是一个方面，学会有效地处理工作的方法是另一个方面。只有提高工作效率与效能，运用解决问题的巧妙方法，才能不断提高自己工作的效能感，有效地减缓压力。

疏导不良情绪，寻求必要的帮助 ╱

人是一个有血有肉、有理智有情感、有高兴有愤怒、有喜悦有悲伤的活生生的存在。因此，适当的情绪情感的压力疏导与压力沟通乃是个体压力缓解的重要途径。同时，人作为社会性动物，需要在与他人的关系中，尤其是与重要他人的关系中不断地提升自我，在与他人的交流、沟通与互助中成就自我的存在。因此，对于个体的压力缓解而言，适当地疏导不良情绪，寻求必要的帮助，不失为一个好的策略。要做到这两点需要做到以下几个方面：

学会规划环境，使之适合你的心境。身边环境的无序，往往容易使得自我内心更加烦扰与苦恼。然而，在自我压力较大、心情烦恼的时候，适当地使自我身边环境加以有序化，往往会起到意想不到的效果。在你累的时候、烦恼的时候，可以重新整理自己的办公用品、收拾你的小房间与物品、通过打扫房屋等等来排解内心的烦恼。通过身边环境的有序化，使得自我的心境渐趋平和。

整洁衣着,增加自信。人靠衣装马靠鞍,在压力较大、心情不佳的时候,适当地打扮一下自己的衣着与外貌。通过外在形象的积极改变,往往会使自己更有魅力,从而增加你的自信,提高自己应对压力的信心。

3.寻求适当的发泄方式,或找人倾诉烦恼。发泄乃是自我压力排解的一种重要方式。发泄的途径与方式有很多种,可以听音乐、看电影;可以在无人的时候大喊;也可以到KTV去尽情地K歌;还可以通过适当的体育运动寻求发泄与排解。此外,自我情感宣泄,还可以通过与身边重要他人的倾诉等方式达成。通过向工作之外的朋友、亲人等倾诉你的压力与苦恼,通过倾诉来排解自我的压力。有空找朋友聊聊,是现实生活中排解压力、维持健康的一种重要方式。

4.利用各种社会支持系统,寻求必要的帮助。经常告诉自己,你并不是单一的存在。很多自己费力做而做不到的事情,可以寻求必要的社会资源——朋友资源、亲属资源、学生资源——等来加以帮助解决。通过适当地寻求他人帮助来减小自己的压力,适当减轻自己的压力重负。应当明白,你要想在这个社会中生活得更好,有必要建立起良好、和谐、稳固的社会支持系统,与自己的家人、亲属、朋友、同事、学生建立良好的关系。这样,在你遇到困难的时候,才能得到更多更好的帮助,才能使自己成功地度过可能遇到的压力危机。

5.注意适当的休息及放松,参加体育锻炼。学会休息很重要,休息乃是健康的一个必要保证。只有充足的高质量的休息,才能保证良好的身体状态,才能更好地抵抗工作压力与生活压力。适当的放松、散步、游泳、锻炼、按摩、看电影、听音乐等,都是自我调节的良好方式。同时,坚持进行体育锻炼,才能保持健康的体魄,才能更好地提高自己的免疫力水平。

改善人际关系

每个人都生活在与他人的关系之中。人际关系的好坏直接决定了个体生活的协调度。由于现实生活的复杂度，使得每个人都不可能生活在没有矛盾的真空中，遇到人际矛盾与人际纠纷是正常的事情。有效地减少人际关系的不协调，减少身边不和谐人际关系的数量，能够起到必要的压力缓解作用。因此，做到以下几点尤其必要：

灵活处世，真诚待人，必要时可屈从让步。生活中，尤其是工作中的关系错综复杂，因此，需要自己灵活处世，尽可能地减少并化解矛盾。同时工作生活中要真诚待人，只有真诚待人，才能使得自己的品质为他人所赞赏与信任，才能在长时间的交往中得到别人的信任与尊重。同时，为了缓解不必要的矛盾，在适当的时候可以做一定的屈从与让步。但让步要有一定的限度，不能因让步而使自己的压力负荷过大。

保持幽默感，缓解紧张气氛或尴尬情绪。幽默是人际关系的调和剂，同时也是自我调节的柔和剂。适当的幽默可以缓冲情绪，带动气氛，化解尴尬，去除张力。适当的幽默还可以缓解紧张气氛，能够化解不必要的矛盾，同时也能避免自己可能出现的尴尬情绪。

审慎择友，以防引起更大的压力。"损者三友，益者三友"，好的朋友会让自己终生受益，而坏的朋友则会使得自己祸患无穷，而且令自己防不胜防。因此，理性、审慎地选择朋友很重要。

适当社交，增加自己的社会交往能力。人是一个社会人，人只有在与他人的交往中，才能不断地提升自己的社交能力。人的社交能力，是一个不断提升的过程，只有不断地接触社会、接触他人，才能不断地提升自己的能力，增强自信心，增强自己抵御压力的能力。

合理安排工作及生活，减少由于时间紧张而产生的压力感

合理的安排与规划，是有序工作生活的保证。因此，要做到以下几点：

1.学会时间管理，制订工作目标及工作计划。每件事都规定合理的时间分配，这样才能使得自己的工作与生活时间有效区分开来，使得自己的工作安排合理有序。

2.处理事务当机立断, 做事不拖延。以高效率完成工作与生活中的事情, 不拖延, 避免生活与工作中事情的相互干扰。

3.对预计的压力设立缓冲区, 这样使得自己不至于被压力冲倒。

4.注意营养及饮食, 有效的营养搭配及充足的饮食是健康的基本保证。

5.自我调节, 有意识地减轻自己的压力。要对自己当前的压力及可能的压力有充分的自觉, 学会积极地自我调节。通过各种努力, 减少自己的压力感。

/ 学会解压 释放心理潜能 /

压力是每个人都会经历而且必须面对的, 教师同样也不例外。面对客观存在着的压力, 学会给自我解压, 释放自己的心理潜能, 对于压力消除以及自我健康都大有益处。以下一些自我调节技术, 对于自我解压, 释放心理潜能具有重要帮助。

冥想训练 /

冥想的含义及作用

所谓冥想, 是为了"实现对自己注意力的控制, 由自己来决定注意力的集中点, 而不是受制于不可预测的外界环境的无规则变化。"[1]许多研究成果表明, 冥想可以对人的生理和心理产生许多积极影响: 研究发现, 冥想者较之非冥想者的呼吸速度明显放慢, 肌肉紧张程度也显著下降; 同时研究还发现, "冥想对于预防和治疗高血压、减轻疼痛、降低基础代谢水平以及减少酒精滥用都有积极的作用, "[2]众多研究表明, 冥想者的心理较之非冥想者健康得多: 冥想不仅可以消除焦虑, 而且能够更好地实现

[1] [美]Jerrold Greenberg. 全面压力管理[M]. 北京: 高等教育出版社, 2008: 160.

[2] [美] Jerrold Greenberg. 全面压力管理[M]. 北京: 高等教育出版社, 2008: 163.

自我控制、更好地实现自我、减轻紧张感、改善睡眠、减轻头痛症状，冥想可用于治疗肌肉紧张、忧虑、毒品上瘾，能够降低血压、心率、呼吸频率和皮肤导电性，使得自我拥有一个健康、积极的心理状态。

如何练习冥想

冥想有很多类型，有的注意力集中点是外在的物体；有的集中点是"曼陀罗"的对称图形；还有的是集中在自己默默重复的话语或者声音。具体的练习步骤如下：

*练习冥想，最好在一个相对安静舒适的环境里进行。

*选一把靠背挺直的椅子，坐在椅子上使自己身体笔直而不是僵直，让椅子支持你背的上部和头部。

*臀部紧抵椅背；双脚稍比双膝靠前；双手自然放在扶手上或大腿间。

*尽量让呼吸放松；把注意力集中在自己的呼吸上。让一切顺其自然。

*闭上双眼，每次吸气时在心中默念"一"，呼气时默念"二"。不要刻意控制自己的呼吸，有规律地呼吸。这样坚持20分钟，每天练习两次，每次20分钟左右。

*最后，冥想完成后，给身体一定时间调整到正常状态。慢慢睁开双眼，先盯着房间内的某个物体看，然后再将视线转向其他物体。几次深呼吸后，先坐着伸展一下身体，之后，再站起来慢慢伸展一番。切记：冥想结束不能太匆忙，因为冥想的时候，血压和心率都会下降，突然从椅子上站起来会令人觉得头晕目眩，达不到放松的效果。

关于冥想的建议：

(1) 起床后或晚饭前是练习冥想的较好时段。

(2) 冥想的目标是使身体进入新陈代谢状态，这段时间不要喝咖啡、茶叶、可乐及吸烟等。

(3) 头部自然放置，怎么舒服就怎么放。

(4) 不要设置闹钟，以免惊到自己。

(5) 去除杂念。

渐进式放松训练 /

渐进式放松训练的含义及作用

如心理学家麦圭根所说,"人遇到压力源时,常常会用情绪来进行自发的回应。如果这种肌肉反应的时间过长 (通常比较长),有可能导致身体的某个系统出现功能障碍。这种长期的过度紧张很可能会导致各种身心失调和精神障碍。"[1]因此,针对采取肌肉放松训练不失为一个好的方式。渐进放松法又叫"神经肌肉放松法",也称"雅各布森放松法"。这种放松方式是让练习者先收缩某一肌肉群,然后放松开来;接着再收缩另一个肌肉群,然后再放松开来;就这样从一个肌肉群向另一个肌肉群渐进放松。直到最后全身都进入放松状态为止。一般从作为末梢神经肌肉群的腿和脚开始,然后到中央神经肌肉群的头部和上身。渐进式放松法需要定期做,随着练习次数的增加,这种训练会变得越来越娴熟。

此种训练除了能让身体放松之外,还有助于缓解头痛、偏头痛、背痛,可以减少肌肉紧张以及由压力导致的手脚抽筋等,有助于缓解抑郁和焦虑,甚至能够帮助改善睡眠。

渐进式放松训练的练习

需要具备的条件

渐进式放松训练需要一个相对安静不受打扰的环境,不要把电话放在身边;屋里的灯光最好暗些;防止动物、孩子、室友等的打扰,如果还有噪音可用耳塞隔离噪音;穿上相对松暖舒适的衣服;保持室内温暖;脱掉鞋子。

就身体姿势而言,需要放松地躺在地上伸直;仰卧、放松;双手放在小腹或者身体两侧;腿和脚向外侧摊开;注意一定要做到放松。此外,脖子下面可以垫个小枕头,

172

---

[1] [美] Jerrold Greenberg. 全面压力管理[M]. 北京: 高等教育出版社, 2008: 182.

双膝下面也可放一个。

【健康小贴士】

臀部、大腿和小腿的放松 (4-5分钟) [1]

* 消除紧张,放松。

* 现在弯曲臀部和大腿。

* 脚后跟使劲往下压,以此来弯曲大腿。

* 再放松,注意感觉有什么变化。

* 双膝伸直,再次弯曲大腿肌肉。

* 保持紧张。

* 放松臀部和大腿……

* 自然放松

* 双脚和脚趾往远离脸部的方向向下压,小腿肌肉开始紧张。

* 感受这种紧张。

* 放松双脚和小腿

* 现在把双腿弯向脸部,颈部感到紧绷。

* 脚趾朝上

* 再放松……多放松一会儿……

* 现在进一步放松到底

* 放松脚、脚踝、小腿、双膝、大腿、臀部……

* 继续放松,感受到下半身的沉重。

* 现在放松腹部、腰部和后背下部。

* 继续深入放松。

* 确认喉部没有任何紧张。

[1] [美]Jerrold Greenberg.全面压力管理[M].北京:高等教育出版社,2008:185-186.

* 放松颈部、鄂部以及所有脸部肌肉。

* 全身保持放松，坚持一会儿……

* 让自己放松。

* 现在，深吸一口气然后慢慢呼出，你会感到两倍的放松。闭上双眼，无视你身边的物体和活动，避免产生任何表明压力。

* 深吸一口气，感到自己变重。

* 长吸一口气，然后慢慢呼出……

* 感受一下现在有多重，有多放松。

* 完全放松的状态下，你应该会感觉不想移动身体的任何肌肉。

* 想一想举起右臂要多大力气。

* 想的同时，观察肩膀和手臂会不会有些紧张。

* 现在你决定不举起手臂，而是继续放松……

* 观察紧张是否又消失了。

* 继续，像以前一样放松……继续放松……

* 想站起来，就从4数到1.

* 现在你应该感到精力充沛、头脑清醒、沉着冷静。

其他放松方法 ／

缓解压力，放松身心的方法有很多，下面再介绍如下几种：

腹式呼吸

人在面对压力时，往往会呼吸短促，而且呼吸主要来自胸部。然而，最放松的健康呼吸方式是腹式呼吸，也就是呼吸的时候扩张膈肌。研究表明，腹式呼吸有助于缓解偏头痛、雷诺病、高血压、哮喘和焦虑等。

腹式呼吸的练习，主要采取如下步骤：

脸部朝上躺下，在腹部放一本书，呼吸时使书升起。

坐着时将右手放在腹部，左手放在胸部，在呼吸时使右手升起。

利用钟表上的秒针,吸5秒钟,呼5秒钟。

重复一个词,让呼吸与这个词的节奏一样。

按摩

按摩是中国传统的治疗疾病的一种方式,实际上,它也是有效缓解压力的一种方式。按摩主要有抚摸、滑行、揉按等几种手法,按摩时主要按在椎骨旁边,而不是椎骨上,且不要在颈部或腰部用力。按摩有多种作用,它可以减轻焦虑和压力、促进生长、减少疼痛、消除抑郁、增强免疫功能等。

按摩时采用的技术主要有以下几种:

轻抚法——沿着肌肉顺向轻柔地滑动。

揉捏法——顺着肌肉横向轻轻地施压。

摩擦——用拇指或指尖的圆周运动给予强压。

揉——顺着肌肉横向挤。

砍——轻度击打。

音乐放松

声音有良好的放松效果。想象自己闭着眼睛,听着海浪拍打沙滩,或者鸟儿在林中欢叫,或者风吹树叶的沙沙声。同样,好的音乐也能起到很好的放松压力的效果。当所听的音乐是放松时,可以降低血压、消除抑郁、改善自尊,甚至改善精神等。一般需要发泄情绪时,可以听摇滚类的粗犷音乐;一般烦躁需要静下心时,可以听平和柔缓的古典音乐。

太极

太极原本是中国古代创造的一种武功,同时也是体育锻炼的一种良好方式,而且还是缓解压力的一种有效方式。练习太极,可以使人的呼吸、精神和视觉集中,从而使精神和身体结合,最终引起放松反应。

一般的太极练习要注意五个原则:

放松——只使用较少的力量来做动作。

区分阴阳——运用相反的力量,如速度和静止、力量和放松。

转动腰——发展腰部的灵活度。

保持平衡——要保持背部挺直和放松,在运动过程中注重平衡。

运动的整体性——整个身体作为一个整体运动,保持平衡与协调。

积极的自我暗示

积极的自我暗示是提升自我信心、提高自我能力、减缓自我压力的重要方法。因此,经常给自己积极的心理暗示很重要。

学着对自己说话:

(1) 我能够处理这种情况;

(2) 我很好,并不比别人差;

(3) 我愿意向更好的方向改变;

(4) 我受别人喜欢;

(5) 我可以改变自己的命运;

(6) 我喜欢自己的工作;

(7) 我战胜了过去的逆境;

(8) 合理安排时间我可以及时完成这项工作;

(9) 我被提升,因为我有能力;

(10) 我可以通过努力得到我想要的生活。

其他缓解压力的技巧

除了上述缓解压力的方法和技巧之外,还有其他一些方式也可以起到一些积极效果。如:合理膳食,减少不合理的饮食习惯;多吃抗压类的食物:含维生素B_1的食物可以帮你亢奋精神,如燕麦、瘦肉、牛奶、蔬菜等;含硒较多的食物可以帮你增强抗压能力,如洋葱、大蒜、海鲜、谷类等;同样每天补充一粒维生素C,也可以有效消除压力。此外,应当少吸烟、饮酒及喝过浓的咖啡,其中喝过多的咖啡容易导致高血压、改变心跳节奏、头痛和偏头痛等。因此,形成健康的饮食方式很重要。

除此之外,健康的生活方式也很重要。如:有规律地健身;发展个人的兴趣爱好;学会休息和放松;保证睡眠时间和睡眠质量;练习自我催眠、瑜伽等等。

一个人事业的成功，只有15%是由于他的专业技术，另外85%要靠人际关系和处世技巧。

——戴尔·卡耐基

/ 教师的人际关系与身心修炼

【案例引导】

小兰的人际交往关系

小兰，女，31岁，本科学历，高中美术老师，未婚。与父母、妹妹同住。父母为普通工人，经详细询问、调查，父母无人格障碍和其他神经症性障碍，家族无精神疾病历史。

小兰出生在一个普通的工人家庭，从小喜欢画画，最喜欢的人是爸爸，上幼儿园的时候很开心，自己去幼儿园，和小朋友一起玩，做游戏，拍手，画画。上小学也很开心，读书，跳舞，也转过学，搬过家，七岁的时候查出有眼部疾病，在八岁那年，父母又生下一个妹妹，于是妹妹的出生分走了父母对她的爱，她明显感觉到父母不再喜欢她，她的父亲也明显对妹妹好，对她的态度也不好了，从此有些失落。中学、大学都是学画画，画画一直很出色，还得过奖，大学的学习氛围很好，同学关系不错，27岁开始工作在一家中学教画画，当班主任，工作很出色，专业课上得很好，学生很喜欢她，领导很器重，对自己的要求很高，工作压力很大，同事之间的暗自竞争很激烈，抢学生现象严重，但自己又非常要强，也追求完美所以心理压力很大，28岁谈恋爱，原本打算结婚但性格不是很合，在一起很辛苦，后来分手了，但又和好过一段时间，最后还是因在一起吵架，深感痛苦而分手，前段时间最好的一位朋友也因为一点小事绝交了，与父母关系也自从有了妹妹之后越来越差，不能沟

179

通，经常吵架，顶嘴，甚至要绝交，以前与妹妹关系还好，但最近也不理她了。家里人、同事都说她有精神病，自己也觉得很不开心，大脑胀胀的，注意力不能集中，很烦躁，睡不好，手抖、视力下降、口干、头晕、胸闷、心悸、呼吸困难、尿频等明显的躯体症状，而且不敢上街，害怕与人交往，已无法正常地去工作和生活，前来咨询。

案例分析：

　　小兰的大部分心理上的不适症状都来自于小兰人际关系上的障碍，如果小兰能放松心态，与他人积极沟通、建立良好的人际关系，那么她的这些症状将很快得到缓解并逐渐消除。

/ 做个人际关系和谐的快乐教师 /

　　设想一下，在我们的生命里，如果只有我们一个人，是不是感到自己好像生活在孤零零的小岛上，在肆虐的海潮和风雨中独自承受孤独？而当我们敞开心扉，张开双臂和周围的人交往的时候，是不是感到自己刹那间充满了活力？这就是我们的生活。每个人都不是孤立地存在着，而是必然同他人发生着各种联系，进行着相互往来，相互作用，这样就形成了各种各样的人际关系。

人际关系的概念 /

　　社会心理学家把人们在物质交往与精神交往中发生、发展和建立起来的人与人的直接的心理上的关系，叫作人际关系。心理学家霍曼斯认为人与人之间的交往本质上是一个社会交换的过程。显然这种交换与市场上买卖关系中发生的交换不完全一样，因为他不仅有物质的交换，同时还包括非物质的交换，如情感、信息、服务等各个方面的交换。但是，发生在人际交往当中的交换与发生在市场上的交换所遵循的原则是一样的，也就是人们都希望交换对于自己来说是值得的，希望在交换过程中是大于或至少是等于。

【心灵鸡汤】

天堂与地狱

一个虔诚的教徒问上帝，地狱和天堂有什么区别。上帝把他带到了地狱，他发现，里面的环境很好，只不过有些阴暗。房子中间放了一口大锅，周围坐着很多人，可是这些人都两腮凹陷，带着饥饿的眼光，都在设法吃到锅里的肉，可是谁也吃不到，因为他们手里的勺子足足有一人高，安着木柄，那些饥饿的人贪婪地拼命用勺子在锅里搅着，但谁也不能将肉盛出来。勺子太重，即使最强壮的人把肉盛出来也没有办法靠近自己的嘴。还有一些人甚至烫伤了手和脸，还把汤溅在旁边人的身上，于是大家打了起来。然后上帝又把他带到了天堂，天堂和地狱一样的，只不过光明了许多，同样的房子，中间同样放了一口大锅，可是这里的人脸色都很红润，都吃得很饱，原因是他们总是两个人一块儿工作，一个把勺子放入锅中盛出肉去喂他对面的人，如果一个人觉得太重，旁边的人又会跑过来帮忙，这样每个人都吃饱了，这就是地狱和天堂的区别。

人际关系与身心健康的关系 ∕

人际关系是影响个体身心健康的重要因素。反过来说，个体的身心修炼在一定程度上要依赖于良好的人际关系。

以色列特拉维夫大学的研究人员用大约20年时间，对保险、公共事业、金融、医疗和制造业等公司的上班族进行调查。结果发现，与工作伙伴联系密切，比如上班时气氛活跃点，下班时能与同事一起娱乐，不仅能更加轻松地完成工作，而且有利于长寿。

心理学家阿里·希罗姆博士的研究表明，与同事保持紧密联系，意味着一个人的

社会融合程度好，能建立起有效的支持系统，有好的掌控力和决策权，遇到困难时能得到帮助等。而这些因素，都是降低死亡风险的有力预测指标，并且在38岁至43岁年龄段的人群中表现最为明显。

【心理课堂】

感觉剥夺实验

美国密歇根大学的贝克教授等人让大学生睡在舒服的床上，剥夺视觉、听觉、温度觉、触觉等感觉信息，每天支付给学生20美分的报酬。在这种状态下，他们先是入睡，当难以入睡而感到无聊时，便开始吹口哨、唱歌、自言自语或敲打锁住双手的竹筒来消磨时光。再后来不少大学生报告他们看到了光点、线条、几何图形等幻觉，这表明他们制造了新的信息。当实验者通过耳机询问大学生是否想知道股票行情的时候，一些大学生对自己以前从不感兴趣的股票价格竟然百听不厌地要求继续放下去。最后，几乎所有参加实验的大学生都未过两三天就放弃了每天优厚的酬金，要求停止实验。

人本质上是一种社会性的生物，因而不能没有人际刺激的生活。所以我们会在与人相处中寻找各种刺激，来丰富生命。

如何做个人际关系和谐的快乐教师

乐于交往

与人交往是人类的基本需要，是个体社会生存与发展的前提条件，离开了与他们的联系和交互作用，个体不仅不能获得理性的社会发展，而且还会出现不同程度的心理疾病。所以，许多关于心理健康的理论都将乐于交往视为心理健康的基本标准，一个健康的人总是对他人充满了兴趣、热情和交往的愿望，他们喜欢接触人，对他人持有友好健康的态度，并能够在交往中获得快乐。下面有几个人际交往的小妙招与大家

分享:

消除戒备，敞开心扉

有的老师虽然很想和他人建立良好的人际关系，但是由于对交往存在错误的认知，认为"先同别人打招呼显得低人一等"，"如果我先同他人打招呼，他人不理自己怎么办？"还有的老师认为，"害人之心不可有，防人之心不可无"，把人与人之间的关系视为尔虞我诈，害怕在人际交往中遭到他人的算计。因此，在交往中处处小心谨慎，缺乏主动、热情。社会心理学家阿伦森告诉我们，人们都倾向于喜欢那些也喜欢我们自己的人。所以，在人际关系中，老师应该主动表达对他人的喜欢。正所谓"爱人者，人恒爱之；敬人者，人恒敬之"。尽管在教师群体中也有个别人是只想占便宜，不想吃亏，但是多数教师的交往动机是纯正的，交往行为是符合道德的。

真诚地肯定对方

人类普遍存在着自尊的需要，美国哲学家詹姆斯说过："人类本质最殷切的需要是被肯定。"人类对肯定的渴望绝不亚于对食物和睡眠的需要。人们在交往中总是倾向于选择能肯定自己的人。对于人民教师来说，他们属于知识分子群体，知识分子可能都有些傲气，不愿意肯定别人。可是如果你能主动地承认别人的价值，承认学生的价值，承认你家人的价值……我想你离快乐一定会很近。

【心灵鸡汤】

高　帽

一个人考上了状元要去朝廷当官，当官之前去看望老师，感谢他多年来的教诲之恩。他老师问他："你行李准备得怎样了？"他回答："老师，我没有准备行李，只准备了100顶高帽子。"老师说："帽子带那么多干吗？"他说："帽子不是给我戴的，是给别人戴的。"什么意思呢？拍马屁呗！老师听了很生气："你真没出息，不好好当官，拍人家马屁干什么？"学生说："老师，您不要生气，像老师这样高超卓绝的人才不用拍马屁。"老师说："只有你最了解我。"结果出门的时候此人才说，现在他的帽子只剩下99顶了。

会赞美别人是一种很重要的能力。高超的赞美要选准角度、恰如其分,对一位相貌普通的女同事表示赞扬,与其说她美如西施,还不如肯定她善良的心,温柔的性情和不一般的才干使她的气质更加高雅。另外,赞美要具体实在。笼统地说"我喜欢你",不如说"你刚才说的话很真诚,我很喜欢"。

礼尚往来,适时回报

在人际交往中,若对方感受到了你的真诚与热情,显然你也会得到对方肯定评价的回报。社会心理学家霍曼斯提出,人与人之间的交往,本质上是一个社会交换过程。但是这种交换与市场上买卖关系中发生的交换不完全一样。生活中常常可以发现,互相帮助的人与人之间,交往总是比较密切的,关系也总是比较亲密、持久的。但是,人际交往中"回报"的内容是多方面的:有物质的,也有精神的;有直接的,也有间接的。但应注意的是,人际交往中的回报,并不存在一般等价物,在很多时候也不是同步的、等量的。教师要注意给别人提供帮助时不要以别人相应的回报为条件,而对别人的帮助应懂得适时予以回报。

重视建立良好的第一印象

教师在初次与学生见面,在第一次接待学生家长时,首先要注意给对方留下良好的第一印象。美国学者伦纳德曾宁博士在他所著的《接触:头四分钟》一书中指出,结交新认识的人时,头四分钟至关重要。为了给对方一个好的第一印象,他认为结交新朋友时,起码要高度集中精神于头四分钟,而不应一面与对方交谈,一面东张西望,或另有所思,或匆匆改变话题,这些都会引起对方不悦。可见,要建立良好的人际关系,必须要善于建立良好的第一印象。

【心理课堂】

如何建立良好的第一印象

关于如何建立良好的第一印象,戴尔·卡耐基在《怎样赢得朋友和影响他人》一书中提出6条途径：

    (1) 真诚地对别人感兴趣；

    (2) 保持轻松的微笑；

    (3) 多提别人的名字；

    (4) 做一个耐心的听者，鼓励别人谈他自己；

    (5) 聊一些符合别人兴趣的话题；

    (6) 以真诚的方式让别人感到他很重要。

学会表达，善于聆听

语言交流是人际交往中最直接、最常用的方式。其中，口头交谈对良好的人际关系的建立最为关键。乐于交谈、善于表达、称呼得当、注意聆听，这些都是一个教师应具备的基本素质。

    (1) 准确表达

用清楚、简练、幽默、生动、通俗、流利的语言表达自己的思想和观点。在表达时切忌不理会对方的意见和反馈，只顾自己喋喋不休地发表自己的意见。同时要避免急于巴结对方，避免语气措辞肉麻，让人难以忍受，也要避免总是质问对方，让对方觉得自己像被审问的罪犯一样。交谈的话题内容和形式应适合对方的知识经验，合乎对方的心理需要和兴趣。

    (2) 善于聆听

在交谈中要注意聆听。最好的方式是能站在对方的立场上，投入到对方的情感中，集中精力了解对方谈话的内容，同时还应通过适当的提问、点头、对视等方法来表明自己对其谈论内容的兴趣。切忌在聆听中频频打岔或表现出不耐烦的情绪。

【心灵鸡汤】

谁是最珍贵的小金人

很久以前，古代有一个国王为了考验他的大臣们，让人打造了三个一模一样的小金人，非常漂亮。上朝的时候，国王对群臣说，这三个小金人只有些许的不同，大家不能用称，看看这三个小金人哪个最有价值；大臣们围过来，左看右看，上看下看，每个小金人都金碧辉煌，难以分辨。最后，有一位马上就要退位的老大臣说他有办法，只见他胸有成竹地拿来三根稻草，先插入第一个小金人的耳朵里，稻草从另一边出来了。然后轮到第二个小金人，稻草从嘴里直接掉出来了。而第三个小金人，稻草从耳朵放进去后，就掉进了肚子里，什么响动也没有，也不见从什么地方出来。老臣说：第三个金人最有价值！国王赞许地点点头。

这个故事是告诉了我们一种很珍贵的品质，在人际交往中倾听是最佳的技巧。同样的三个小金人都存在着不同的价值，第三个小金人之所以被认为是最有价值也因为其能倾听。其实，人也同样，最有价值的人，不一定是最能说会道的人。善于倾听，消化于心，这才是一个有价值的人具有的最基本的素质。

积极的自我意识

自我意识是个体对自己生存状态的认识，包括对自己生理状态、心理状态、社会关系及角色扮演状态的认知。善于与他人建立良好关系的教师往往都有积极而正确的自我意识，他们自尊、自信、自控，既能有效地将自己的长处发扬光大，又能正视自己的缺点和不足，努力加以修正。他们在交往中一般都表现出了较强的自主性，不依赖、不会盲从，不会在与他人的密切交往中迷失自己。

【心理自测】

我是谁？

这是一个简单易行的关于个体自我意识的小测试。要求被试者在六七分钟内写出15个"我是谁？"的叙述句，如我是一个健康的人，我是一个个子高的人……注意这些句子是为你自己而不是为别人写的；按照你思考的顺序来写，不必考虑其中的重要性和逻辑关系。

1. 我是＿＿＿＿＿＿＿＿＿＿＿＿＿＿＿＿＿＿＿＿＿＿＿＿

2. 我是＿＿＿＿＿＿＿＿＿＿＿＿＿＿＿＿＿＿＿＿＿＿＿＿

3. 我是＿＿＿＿＿＿＿＿＿＿＿＿＿＿＿＿＿＿＿＿＿＿＿＿

4. 我是＿＿＿＿＿＿＿＿＿＿＿＿＿＿＿＿＿＿＿＿＿＿＿＿

5. 我是＿＿＿＿＿＿＿＿＿＿＿＿＿＿＿＿＿＿＿＿＿＿＿＿

6. 我是＿＿＿＿＿＿＿＿＿＿＿＿＿＿＿＿＿＿＿＿＿＿＿＿

7. 我是＿＿＿＿＿＿＿＿＿＿＿＿＿＿＿＿＿＿＿＿＿＿＿＿

8. 我是＿＿＿＿＿＿＿＿＿＿＿＿＿＿＿＿＿＿＿＿＿＿＿＿

9. 我是＿＿＿＿＿＿＿＿＿＿＿＿＿＿＿＿＿＿＿＿＿＿＿＿

10. 我是＿＿＿＿＿＿＿＿＿＿＿＿＿＿＿＿＿＿＿＿＿＿＿

11. 我是＿＿＿＿＿＿＿＿＿＿＿＿＿＿＿＿＿＿＿＿＿＿＿

12. 我是＿＿＿＿＿＿＿＿＿＿＿＿＿＿＿＿＿＿＿＿＿＿＿

13. 我是＿＿＿＿＿＿＿＿＿＿＿＿＿＿＿＿＿＿＿＿＿＿＿

14. 我是＿＿＿＿＿＿＿＿＿＿＿＿＿＿＿＿＿＿＿＿＿＿＿

15. 我是＿＿＿＿＿＿＿＿＿＿＿＿＿＿＿＿＿＿＿＿＿＿＿

由4—6人组成一个小组，将自己所写的内容与小组成员分享，交流并讨论。

(1) 你是从哪些方面来描述自己的？

(2) 如果请你把15个句子分类，你会如何划分呢？

(3) 你对自己的总体评价是肯定的还是否定的？为什么？

积极的自我意识的形成一般可以从以下几个方面努力：

积极的心理暗示

心理暗示，是指人接受外界或他人的愿望、观念、情绪、判断、态度影响的心理特点。是人们日常生活中，最常见的心理现象。它是人或环境以非常自然的方式向个体发出信息，个体无意中接受这种信息，从而做出相应的反应的一种心理现象。积极心理暗示可以调动激发我们的潜意识，开发我们的潜能。"飞人"刘翔在起跑前经常要对自己说一些积极的话，对自己进行积极的心理暗示，鼓励自己；2004年雅典奥运会上爆出冷门，获得奥运冠军的网球选手李婷、孙甜甜，其成功也得益于心理教练对她们进行的积极心理暗示。积极的心理暗示能够给人以激励和自信，加速成功的进程。

在很久以前的一个部落，有一个传统：那里的青年人想结婚，先要学会捕捉牛的技术。捉了足够的牛，作为聘礼，送给女方家，才可以成家立室。最少的聘礼是一头牛，最多是九头牛。这个部落酋长有两个女儿，据说大女儿相貌平平，小女儿则美若天仙。有一天，一个青年走到酋长面前，说自己爱上了他的大女儿，愿意以九头牛做聘礼迎娶她。酋长听了之后，大吃一惊，忙说："九头牛的价值太高了，大女儿不值，不如改娶小女儿吧，小女儿值九头牛。"可是这位青年坚持要娶酋长的大女儿，酋长终于答应了他，这件事轰动了整个部落。

一年后的一天，酋长经过这位青年的家，看见他家正在举行晚会，一大群人围成圆圈，正欣赏一位美丽的女郎载歌载舞。酋长十分奇怪，去问那位青年："这美丽女郎是谁？怎么从来没见过她呢？"年轻人回答："她就是酋长您的女儿啊！"

年轻人以"九头牛"的价值对待他迎娶回来的妻子。当酋长的大女儿也深信自己的价值就是最高的"九头牛"的时候，她便发生了脱胎换骨的变化。

深入的自我体验

深入的自我体验是指在工作生活中，个体应保持对自己特征及自我变化等方面的敏感性体会，但又不要过分敏感。

具体而言是指一个人要能够冷静理智地对待自己的得与失，认清自己的长处与短处，以愉快的心情接受自己的长处，并将它发扬光大；要能够满怀希望地憧憬自己的未来，既不以虚幻的自我来补偿内心的空虚，又不消极地回避、漠视自己的现实，更不以哀怨、忧愁以及厌恶来否定自我。

良性的自我沟通

良性的自我沟通有利于教师认识自我，接纳自我。通过自问自答、自我辩论等形式, 将头脑中的不合理信念挖掘出来, 换个角度重新认识自己和环境。

【心理自测】

积极转换

请将下面的句子转换成对你的成长有帮助的句子, 记得要使用正面积极的词语。

1. 没有人理睬我, 转换为: _____

2. 我没有钱, 转换为: _____

3. 我学习成绩差, 转换为: _____

4. 这问题没法解决, 转换为: _____

5. 以前从未有人做过, 转换为: _____

6. 以前试过都没成功, 转换为: _____

7. 我没有信心, 转换为: _____

8. 这事情太复杂了, 转换为: _____

9. 时间不够, 转换为: _____

10. 我没有男朋友、女朋友, 转换为: _____

机智幽默

幽默是一种良好的心理素质和出色的语言艺术, 也是一种机智的应变能力, 特别是在尴尬的场合中它是一种润滑剂。在教师的人际交往中, 幽默的言行往往会激发别人对你的兴趣, 还可以启发自己和别人的智慧。如一位老师在演讲谢幕时被绊倒了, 在座的学生和领导哄堂大笑, 该老师却很机智地为自己解围说: "大家的掌声让我倾倒了, 再次感谢!" 从而化解了一个令人尴尬的局面, 大家也更欣赏他。

【心灵鸡汤】

周总理的幽默机智

（一）

外国记者不怀好意问周恩来总理："在你们中国，明明是人走的路为什么却要叫'马路'呢？"周总理不假思索地答道："我们走的是马克思主义道路，简称马路。"

这位记者的用意是把中国人比作牛马，和牲口走一样的路。如果你真的从"马路"这种叫法的来源去回答他，即使正确也是没有什么意义的。周总理把"马路"的"马"解释成马克思主义，恐怕是这位记者始料不及的。

（二）

美国代表团访华时，曾有一名官员当着周总理的面说："中国人很喜欢低着头走路，而我们美国人却总是抬着头走路。"此语一出，话惊四座。周总理不慌不忙，脸带微笑地说："这并不奇怪。因为我们中国人喜欢走上坡路，而你们美国人喜欢走下坡路"。

美国官员的话里显然包含着对中国人的极大侮辱。在场的中国工作人员都十分气愤，但囿于外交场合难以强烈斥责对方的无礼。如果忍气吞声，听任对方的羞辱，那么国威何在？周总理的回答让美国人领教了什么叫作柔中带刚，最终尴尬、窘迫的是美国人自己。

（三）

一位美国记者在采访周总理的过程中，无意中看到总理桌子上有一支美国产的派克钢笔。那记者便以带有几分讥讽的口吻问道："请问总理阁下，你们堂堂的中国人，为什么还要用我们美国产的钢笔呢？"周总理听后，风趣地说："谈起这支钢笔，说来话长，这是一位朝鲜朋友的抗美战利品，作为礼物赠送给我的。我无功受禄，就拒收。朝鲜朋友说，留下做个纪念吧。我觉得有意义，就留下了这支贵国的钢笔。"美国记者一听，顿时哑口无言。

什么叫自搬石头砸自己的脚？这就是一个典型事例。这位记者的本意是想挖苦，周总理说是朝鲜战场的战利品，反而使这位记者丢尽颜面。也是，想和周总理较劲，门儿都没有。

（四）

一个西方记者说："请问，中国人民银行有多少资金？"周恩来委婉地说："中国人民银行的货币资金嘛?有18元8角8分。"当他看到众人不解的样子，又解释说："中国人民银行发行的面额为10元、5元、2元、1元、5角、2角、1角、5分、2分、1分的10种主辅人民币，合计为18元8角8分……"

教师可以通过以下几种方式来提升自己的幽默感：

衬跌　衬的部分列举事物使听者的印象逐渐逐渐加强时，忽然一"跌"。使听者期待的心一下子滑到意料之外，笑便由此而生。

你要注意——有一伙人，四处打探你，说要逮住你，绝不轻饶你，有一个叫财富，一个叫顺利，一个叫健康，为首的叫幸福。

歧疑　把意思连贯的一句话分开来说，先说一半，停顿一下，暗示语意向某个方向发展使听众产生误会，随后把后半句说出来，造成恍然大悟的笑。

老师上课跟学生说："今天我们不上课了……"学生们大喜，然后只听老师接着说："我们考试……"学生顿时倾倒一片。

歪解　就是歪曲、荒诞的解释。它不求正正当当的原因，寻求的是不是原因的原因，弄出似是而非的原因，甚至驴头不对马嘴的原因，才能与对方共享幽默之趣。

啰唆　故意短话长说，表达一个简单明了的事实。如你见王萍了吗? 去男厕所……的隔壁了。

降用　故意用一些重大庄严的词或专业化术语来说一些细小的次要的事情。

对比　利用不和谐的事物比照来构造幽默。

倒置　把事物的正常关系或话语的正常顺序倒转过来，从而达到滑稽可笑的效果。

双关　利用语言的多义、同音来同时表达两种不同的含义，让对方在领会中产生会心的微笑。

别解　对词做另外的解释，使之偏离常规的含义，故意望文生义或望字生义。

【心理课堂】

教师构建和谐人际关系的小技巧

1.记住别人的姓或名,主动与人打招呼,称呼要得当,让别人觉得礼貌相待、备受重视,给人以平易近人的印象。

2.举止大方、坦言自若,使别人感到轻松、自在,激发交往动机。

3.培养开朗、活泼的个性,让对方觉得和你在一起是愉快的。

4.培养幽默风趣的言行,幽默而不失分寸,风趣而不显轻浮,给人以美的感受。与人交往要谦虚,待人要和气,尊重他人,否则事与愿违。

5.做到心平气和、不乱发脾气,这样不仅自己快乐、涵养性高,别人也会心情愉悦。

6.要注意语言的魅力,安慰受创伤的人,鼓励失败的人。恭维真正取得成就的人,帮助有困难的人。

7.处事果断、富有主见、精神饱满、充满自信的人容易激发别人的交往动机,博得别人的信任,产生使人乐意交往的魅力。

/ 做个有人际吸引力的魅力教师 /

现代社会中,由于工作和生活节奏的加快,人与人之间接触和联系的概率也大大增加。有人做过这样的统计,一个人在一生中与他有过重要交往的平均人数约为500人。这不能不提醒我们应该努力去营造好自己的人际关系,因为它在很大程度上决定了我们的快乐或烦恼,也在为事业的发展创造机会或设置障碍。那么要怎样做才能使自己的人际活动更加和谐融洽呢?良好的人际形象会帮我们大大提高人际吸引的力度和效果。

人际吸引的概念 /

人际吸引是人与人之间的相互接纳和欣赏,是人际关系的一种肯定的形式。按吸引的程度，人际吸引可分为爱情、喜欢和亲和。爱情是最强烈的人际吸引形式，喜欢是中等程度的吸引，亲和则是最低层次的人际吸引。

【心理课堂】

30秒使你成为一个有人际吸引力的人

你知道吗？人与人之间的好感建立只需30秒。如何像魅力十足的好莱坞明星一样，让别人只见一面，就能将你牢牢记住？快来学习这奇妙的"30秒魅力养成术"，让所有人对你"一见钟情"。

微笑，一定要微笑

没人会主动喜欢肌肉僵硬的人！不管你是面试，还是相亲，哪怕在电梯间偶遇想要搭讪的帅哥，都要面露微笑。真正的微笑不是嘴角上翘那么简单，而是张弛有度地做肌肉运动。有研究发现，露齿微笑的感染效果比抿嘴微笑高近三成，不要担心你的牙齿不齐，70%的亚洲男人都表示：自己喜欢经常微笑、又有小虎牙的女生。

不要谈论沉重话题

人们更喜欢那些带来"积极心理效应"的人。只要你不是去深度访谈节目组里面试，就不要在第一次见面时谈论金融危机、中东战争、公司裁员等沉重话题。否则对方因此产生的负面情绪会不自觉地"移情"到你头上，在他潜意识里，你会成为坏心情产生的源头。建议你第一次见面时尽量谈论轻松话题。如果对方是女性，谈论化妆品比较稳妥，对方若是男性，就向他咨询最近新出的手机款式。

倾听时要有所回应

既然选择做倾听者，就不要光听而已，随着对方的话语频频点头，对方说到精彩处微笑回应，都能让人在你身上找到共鸣，有"得一知己"的感觉。切忌在对方说话时插嘴，这是社交场合的大忌。如果你面对的人滔滔不绝，丝毫不给你说话机会，也不要紧，你点头、赞同、微笑等一系列积极反应自会让他心生好感，你却可以在一旁暗下决心：下次打死也不联系他了。

做几个让人印象深刻的表情

茉莉亚·罗伯茨被称为"好莱坞交际花"，她之所以总给人深刻印象，是因为她有几个独特的大笑表情，谁也模仿不了。尽管人眼接受的是动态的视觉信号，但这种视觉信号存入大脑后，只能留下平面图。因此几个只属于你的经典表情，能让别人脑海中关于你的记忆增色不少。这种表情不一定是微笑或大笑，你可以经常在镜前练习，找到一个自认为最好看的表情，在重要场合不经意地做出来。比如女性轻轻地咬住下唇、做思考状的样子，就被称为最惹美国面试官喜爱的经典表情。

不要把后背靠在椅子上

谈话时把后背靠在椅子上，通常给人目中无人的感觉。剑桥大学的心理学试验表明，当面试官傲慢地"瘫"坐在椅子上时，36%的面试者会产生"此公司企业文化不佳"的想法。随意靠在椅背上与对方说话，是亲密朋友间的行为，当你面对陌生人时，建议你尽量保持后背正直，上体前倾，让人感觉你在有意拉近彼此的心理距离。

目光在对方的"三角区"游荡

以对方眉心为顶角，两颧骨为底角所形成的三角形，被心理学家称为"焦点关注区"。与对方说话时，如果你的目光不断游离于这个"三角区"，将给人留下被强烈关注、自己成为焦点的感觉，这会让人对你好感倍增。相反，如果你死死地盯住对方的双眼看，反而会让他产生敌意。

尽量让对方多说话

第一次见面时，永远留给对方说话时间。没人喜欢滔滔不绝的"话匣子"，社会心理研究发现，27%的不成功相亲都源于一方话多、另一方无语的尴尬局面。在生活中，性格截然相反的人也可成为情侣、闺密，或者蓝颜知己，但对于第一次见面而言，双方并不熟悉，一切从零开始，就该遵守绝对公平的原则。建议你在对话时尽量留给对方说话时间，让人感觉到你的体贴和平等。

找不到共同话题时，就重复对方观点

通过简短对话，找到与对方的"交集"，可以让双方交往迅速加深。但如果你碰到的人与你的经历大相径庭，思维模式截然相反，就应适当重复对方观点，以表示自己与他处

于同一立场。比如，当他谈起你毫不了解的货币战争时，你可以在最后为他的言论做个总结，"因此你的意思是：这次金融海啸会让欧元遭到重挫？"这样一来，对方就会产生自我满足感，对你好感倍增。

不要透露过多个人细节

既然是第一次见面，就不要向对方透露过多个人细节。家长里短会让对方感觉你是个情感依赖者，以后一旦遇到不如意，一定会找他大吐苦水！在这种负面心理防御下，很少有人愿意与你深入交往。相反在第一次见面时，如果你只对个人情况蜻蜓点水，只说个大概，反而能给对方留下神秘感，期待与你下次见面。

尽量减少说话时的手势

说话时不经意的手势会透露你的内心感受。比如当你的左手无意中拂过嘴唇，对方如果精通心理学，立刻会感觉你刚刚说了句大话，或正在撒谎。建议你在说话时尽量减少手势，但也不要两手攥拳紧紧不放，这会透露你内心中的紧张感。如果你不能将双手轻松地放在腿上或桌上，可以手拿一个毛绒玩具，它能有效减轻你的精神压力。

不掩饰自己的缺陷或错误

如果你肤色偏黑，就不要在脸上涂很厚的白粉；如果你牙齿不齐，也不要刻意装出不露齿的微笑。每个人都喜欢结交真实随性的人，如果你在第一次见面，就把最真实的自己袒露在对方面前，会让他感觉身心轻松。一样道理，当你在讲话时出现口误时，也要及时纠正自己，这样才能给对方留下谦虚、有礼貌的好印象。

说话时尽量减少口头语

与说话时手势太多一样，口头语太多，说明着你内心犹豫、徘徊不决。所以，你宁可放慢语速，也要去掉诸如"这个"、"那个"之类的口头语。仔细看看奥斯卡颁奖典礼，哪个明星上台时会说一串不明所以的口头语。

影响人际吸引的因素 ╱

在教师群体中，人与人之间交往的程度或深度往往有很大的差别。有的能一见如

故；有的"鸡犬之声相闻，老死不相往来"；有的情同手足，形影不离；有的时冷时热，若即若离。这些差别主要与交往双方的个人吸引力有关。人际吸引也是人与人之间建立感情关系的基础。一个人如果毫无吸引别人之处，就不能引起别人的注意；如果两个人之间不能彼此吸引，也建立不起亲密的人际关系。一般影响人际吸引的因素如下：

时空的接近性

俗话说："近水楼台先得月"，"远亲不如近邻，近邻不如对门儿"。这说明时空距离是形成亲密人际关系的一个重要条件。对于教师来讲，自己一个部门、一个教研室的同事之间更容易产生人际吸引。交往频率容易使双方相互了解和相互支持。因为接触机会多而相识，因相识而彼此吸引，因彼此吸引而容易形成共同的经验、共同的话题、共同的体会、共同的兴趣以及共同的利益，从而建立友谊，甚至彼此相爱。另外，时间上的接近，如同龄、同期开始工作的教师，也易于在感情上相互接近，产生相互吸引，时空接近性是密切人际关系的重要条件，但不是绝对的。有时候，时空过于接近，交往过于频繁，反而容易造成摩擦和冲突，影响人际关系的巩固和发展。但是，时空的接近性并不是形成良好人际关系的决定因素，而是一个必要条件，并非充分条件。有时，人与人之间在空间上彼此接近，未必一定彼此吸引，甚至可能日久生厌。社会心理学的研究成果告诉我们，中等程度的交往频率，最容易产生吸引。

【心理课堂】

人际关系的时空接近性效应

美国心理学家费斯廷格等人以麻省理工学院宿舍的已婚大学生为实验对象，研究他们之间的友谊与住处远近的关系，在学年开始时，他们让各户搬到新的住宅，互不相识。经过一段时间以后，研究者调查每户新结交的三位最好朋友。结果发现，从互不相识到入住一段时间后结交为新朋友，几乎离不开四个接近性特征：(1)是邻居；(2)是同楼层的人；(3)是信箱靠近的人；(4)是走同一个楼道的人。由此看来，经常见面是友谊形成的一个重要因素。

信念的相似性

有句成语"惺惺相惜"，指的是才智相近的人会彼此珍惜。人们倾向于喜欢在某方面或多方面与自己相似的人，包括思想、信念、价值观、道德评价的一致或相似，兴趣、爱好的一致以及民族、年龄、学历、社会地位、职业、修养等方面的相似性，这些都会使彼此间关系融洽。

这种因为两个人之间有很多相似点而彼此吸引的现象，说明了相似性是建立良好人际关系的基础。正所谓："物以类聚，人以群分"，这句话言简意赅地表明了在人际吸引中的相似性的作用。相似性有助于交往，原因如下：第一，各种相似的因素使人具有较多地共同参与社会活动的机会，因而人们接触机会多，容易熟悉和互相喜欢。第二，相似性可使交往双方在交往过程中得到相互肯定、相互激励；反之，如果双方态度差异大，则容易形成相互否定，增加心理压力，使交往出现不愉快，从而在心理上不愿意与对方继续交往。第三，相似性因素可以使交往双方的意见容易沟通，减少误会、曲解和冲突，从而形成良好的人际关系。如果人与人之间有着共同的理想信念、人生观、价值观以及共同的爱好、兴趣等，在工作和生活中，就容易有共同语言，就容易产生心理共鸣，感情也易于交流，相处也比较融洽。相反，如果人与人之间的态度不相似，彼此之间就没有共同语言，相处就比较困难。

【心理课堂】

人际吸引的信念相似性效应

社会学家纽科姆1961年用现场实验法，对信念相似程度与吸引力的关系进行了研究。他以17个不相识的大学生为研究对象，向他们提供免费住宿16周。在住进宿舍前，研究者先给这些彼此不认识的被试者实施态度、价值观和个性特征等的测试，将态度、价值观和个性特征相似或不相似的大学生安排在一间房子里居住。然后，定期测验他们对一些

事情的态度、看法以及他们对同房室友的喜欢评定。结果发现，住宿初期，空间距离是决定彼此交往较多的主要因素；但到了后期，彼此间态度、信念、价值观和个性特征的相似性超过了空间距离的重要性而成为密切人际关系的基础。在研究的最后阶段，他让这些大学生自由选择住同一房间，结果表明，相同意见和态度均喜欢选择入住同一房间。为什么观点、态度、个性相似的人容易相互吸引呢？费斯廷格的社会比较理论解释为：人人都具有自我评价的倾向，而他人的认同是支持自己评价的有力依据，具有很高的报偿和强化力量，因而产生很强的吸引和凝聚力。

需要的互补性

需要和满足需要的期望是推动人们相互交往的根本原因，也是人际交往的动机和目的。良好人际关系的形成取决于交往双方彼此满足需要的方式和程度。有句成语叫"刚柔相济"，指的是两个性情极端不同的人，却能和谐相处。像以上这种两人之间彼此吸引的原因，就称为互补性。人们重视虽与自己不同，但能与自己互补的朋友。因为彼此可以取长补短、各得其所。互补因素在婚姻生活中更为突出，互补会有助于爱情的巩固。例如，一个支配型的男老师娶了一个依赖型的女子为妻，一个喜欢控制人的泼辣的女老师嫁与一个被动型不愿做决定的沉默的男人，而支配型的男性与支配型的女性则很难做一对平和的夫妻。除了两性之间男刚女柔的自然互补之外，在个人兴趣、专业、特殊才能等方面，多数人都会希冀自己所缺者由别人补足的心理倾向。因为人在追寻成长的过程中，不可能掌握所有的机会，因而顾此失彼的遗憾总是难免。因此，当见到自身所缺而对方所擅长的某种特征时，就会不期然地对之产生好感。

【心理课堂】

人际关系需要互补性效应

苏联的一些心理学家，对气质相同的人合作的效果和气质不同的人合作的效果进行了比较研究。结果发现，两个强气质的学生组成的学习小组常常因为对一些问题各执己见，争执不下而影响团结；两个弱气质的学生在一起，又常常缺乏主见，面面相觑，无可奈何。只有两个气质不同的学生组成的小组，团结搞得最好，学习效果也最显著。

外貌

爱美之心，人皆有之。人们常常把外貌有吸引力的人视为拥有较多优良人格特征的人，一个人的长相、穿着、仪态、体态，往往是构成人际吸引力的重要因素。教师要为人师表，不仅在学识上要"美轮美奂"，而且在仪态、体态上也要多加注意，这样可以无形中增强自己的人际吸引力。

【心理课堂】

长相的因素效应

戴恩曾在1972年做过这样的实验：让一些女大学生分别去看容貌美丑不同的两个七岁女童的照片，照片下面写有完全相同的一段文字，说明照片上的女童曾有某些过失行为，然后要求大学生评价女童平时行为是否越规。结果发现：对容貌美的女童的评语偏向于有礼貌、肯合作，行为纵有过失，也是偶然的，可以原谅的；而对容貌丑的女童的评语，多推想她是一个相当严重的"问题儿童。"

人格因素

人们对乐观开朗、助人为乐、富于幽默感、又有进取精神的人非常倾慕。因为与这种人相处，能给人带来欢乐。心理学家安德森在1968年所进行的一项研究中，将555个描绘个性品质的形容词列成表格，让大学生被试按照喜欢程度由高到低排列。结果显示，大学生最喜爱的品质前十位是真诚、诚实、理解、忠诚、真实、可信、聪慧、可依赖、有头脑、体贴；最厌恶的品质前十位是古怪、不友好、敌意、饶舌、自私、狭隘、粗鲁、自负、贪婪、不真诚。

拥有人际吸引力的魅力教师的特征 /

在学生心目中什么样的教师才是有吸引力的教师呢？关于这个问题，国内外许多学者都进行了有关研究。下面介绍国内外的主要研究成果。

国外研究

一项研究（岸田之美，1996年），将学生心目中的教师形象，从学习指导技术、态度、性格、身体、容貌和情感等诸方面着手，提出75条标准，让初中男学生评定，然后进行因素分析，并抽出了情感性态度、学习指导能力、指导中的宽和严、指导中的精确程度等四个因素。结果表明：情感性态度与有趣的指导、解说时事问题、进行体育指导、跟学生一起玩等指导技术有关；而与开朗、幽默、爽快、经常表扬学生等指导态度关系密切。也就是说，学生们所期待和喜欢的老师，都是开朗、爽快和善于进行指导的教师。此外，学生们对于教师的信赖感与教师的热情、亲切、认真、高尚、一丝不苟、公正、浅显易懂的讲解、在教材上所下的功夫、严格遵守时间等有关。而考试出难题、家庭作业布置过多、评分严格、能说会道、善于进行礼貌教育、体格健壮、有男子汉气派、说话声音洪亮等，在获得学生的依赖感方面，并无多大作用。关于学生心目中的好教师的特征，日本学者村獭隆二做过如下研究：让初中学生从理想教师的80项条件中任选5项，结果见下表。

理想男女教师的条件

理想男教师的条件	理想女教师的条件
1. 正义感强，要求严格（20.48%）	1. 给人以亲切、温和之感（4.8%）
2. 性格开朗，富于幽默感（18.59%）	2. 性格开朗，富于幽默感（15.5%）
3. 精力充沛，动作利索（18.5%）	3. 衣着打扮干净利落（12%）
4. 责任心强，可以信赖（16.7%）	4. 责任心强，可以信赖（9.6%）
5. 头脑灵活（12.9%）	5. 精力充沛，动作利索（8.4%）
6. 衣着打扮干净利落（4.2%）	6. 头脑灵活（8%）
7. 给人以亲切、温和之感（4.8%）	

国内研究

在国外研究的基础上，我国学者也做过类似的研究。对于"学生喜欢的教师具有哪些特性"这样的问题，我国研究者曾以"好教师应具备什么条件"为题在中学生中进行了调查，排在前十位的条件是：①热情、耐心；②根据学生的不同水平进行教学；③公正、不偏心；④学识渊博；⑤工作注意方式、方法；⑥工作认真负责；⑦关心学生课余生活；⑧虚心、平易近人；⑨以身作则；⑩注意学生的兴趣。也有人就此对中国、美国和日本的中学生进行了调查，结果发现三个国家的中学生都把教师"理解学生"、"待人公平"、"和蔼可亲"和"乐于言谈"这四项条件摆在了前面；我国心理学工作者谢千秋曾以"学生喜欢怎样的教师"为题向42所中学（初一到高二）91个班的4415名学生做了问卷调查，归纳出了学生喜欢和不喜欢的教师特征各10项（见下表）；另外，袁晓琳、王穗苹、朱彬彬等人（2005年）曾以"中学生心目中的教师形象研究"为题做了有关研究，研究结果表明，中学生心目中理想的教师形象特征主要是：关爱学生、友善认真，学识广博、热爱教学，相貌好、有气质，严谨持重，其中关爱学生、友善认真尤为重要。[1]

我国中学生喜欢和不喜欢的教师特征（人次%）

次　　序		教　师　特　征	初一 初二 2026人	初三 612人	高一 1777人
喜 欢	1	教学方法好	78.0	86.0	85.0
	2	知识广博，肯教人	71.9	90.8	88.1
	3	耐心温和，容易接近	75.6	78.5	77.0
	4	实事求是，严格要求	57.5	62.2	61.1
	5	热爱学生，尊重学生	59.9	58.6	53.7
	6	对人对事公平合理	52.4	42.8	44.4
	7	负责任，守信用	33.8	32.8	36.4
	8	说到做到	36.0	24.0	24.4
	9	有政治头脑，关心国家大事	18.2	13.4	16.2
	10	讲文明，守纪律	14.4	8.1	10.6
不 喜 欢	1	对学生不同情	71.7	72.3	74.9
	2	经常责骂学生，讨厌学生	72.4	69.1	70.4
	3	教学方法枯燥无味	61.5	74.6	88.6
	4	偏爱，不公正	64.3	61.4	51.7
	5	上课拖堂，下课不理学生	67.8	57.3	57.3
	6	说话无次序，不易懂	48.9	56.0	53.5
	7	只听班干部反映情况	43.3	33.0	27.2
	8	不和学生打成一片	26.1	33.1	35.8
	9	布置作业太多、太难	28.3	19.3	17.8
	10	向家长告状	25.5	14.7	11.7

通过以上研究成果可以看出，学生所喜欢的教师首先应该具备令人情绪安定的人格特性。从教师扮演的社会角色来看，教师应该知识广博，对学生严格要求，但必

[1] 袁晓琳、王穗苹、朱彬彬等：《中学生心目中的教师形象研究》，《心理发展与教育》2005年21卷3期，89—93页。

须是教师表现出充满人情味、令学生感到亲切之时，教育教学才能取得良好的效果。反之，教师的一些不良行为，如偏向、易怒、爱发牢骚，都会令学生讨厌，这些是应该引起教师注意的。

当然，随着时代的发展与社会条件的变化，学生心目中的好教师的条件也会有所变化。每位教师在从事教育教学工作过程中，必须清醒地意识到，只有受到学生的欢迎，才能达到教学的目的。学生喜欢的教师对学生的影响是很大的，日本学者继有恒（1961年）在研究中发现，喜欢某位教师的小学生有80%（中学生有75%）想成为像这位教师一样的人。在科尔（Cole，1968年）的调查中，喜欢某位教师的中学生有60%喜欢这位教师所教的学科，认为这一学科更有价值，在平时的学习中花费的时间更多。这些研究结果都告诉我们，教师应该成为学生喜欢的有人际吸引力的人，成为学生心目中的榜样。

做个擅长人际沟通的能量教师

工欲善其事，必先利其器。教师主要是以沟通的方式实现着自己的使命和责任的，所以，做一个善于沟通的教师应该是对教师的首要要求。

人际沟通的概念

人际沟通一般是指人与人之间的信息交流过程，是人与人之间交往的最主要形式。人们的人际关系就是通过人际沟通来实现的。人醒着的大约70%的时间，都用于这样或那样的沟通过程。沟通在个人成长中具有重要的作用。个人在共同活动中彼此交流思想、感情和知识等信息。根据F.但斯和C.拉森（1979年）的观点，人际沟通有三种功能，即连接功能：在一个人和他所处的环境之间起一种连接作用；精神功能：

通过人际沟通，人们能参与他人的想法而更好地做决策，更有效地思考；调节功能：人际沟通可以协调人们之间的行为。

【心理课堂】

沟通的六个步骤

(1) 倾听——你的身体告诉对方："我在听您说"；

(2) 核对——"您的意见是……"句式核对你的理解；

(3) 接纳——用眼睛看，用耳朵听，用脑袋思考；

(4) 拒绝——用坦诚加礼貌的语音说"不"；

(5) 表达——用准确具体的语言表达你内心的意思；

(6) 体态语音——用身体语音比有声语言说得更有把握，传达你的真实意思。

人际沟通的一般技巧 ╱

要实现有效地沟通，就要善于利用语言和非语言的沟通技巧。首先我们来了解一下都有哪些语言和非言语的沟通技巧。

言语沟通

【心灵鸡汤】

老夫妻的蹩脚的沟通方式

一对老夫妻，在他们结婚50年后，准备举行金婚纪念。就在这天，在吃早饭的时候，老太太向老头说："50年来，我每天都为丈夫着想，早餐吃面包卷的时候，我都把最好吃的面包卷的头让给他吃，今天我该自己好好享受这个美味了。"于是她切下了带着奶油的面包卷给自己，把剩下的部分给了丈夫。不料她丈夫很高兴，吻了吻她的手说："亲爱的，

今天你给了我最大的享受，50年来，我从没有吃过面包的底部，那是我最爱吃的，我一直想你也一定是很喜欢吃那个。"

读了这个小故事，我们一方面为了他们的相敬如宾而赞叹，另一方面对于他们的沟通不良而叹息。

有一个古老的哲学问题："森林中一棵树倒了下来，那儿不会有人听到，那么能说它发出声响了吗?"关于沟通，我们也可以问类似的问题：如果你说话时没人听，那么能说进行沟通了吗?

赞美和幽默是两种非常有效的言语沟通技巧。

赞美

赞美是对人类行为的一种激励和鼓舞，我们应该在人际交往中学会去发现别人的长处，去真诚地赞美别人。回想一下自己的经历，我们也许会发现，自己喜欢的学科往往是能给你鼓励的老师教的。

【心理案例】

把赞美送给学生

我于2009年上学期在九台市第一中学实习，在此期间，任初三（八）班的英语老师及班主任。我相信当过班主任的老师都曾注意到，班上总有那么几个学生既不勤奋刻苦、积极上进，又不调皮捣蛋、惹是生非；对班级的一切活动既不反对抗议，也不会不踊跃参加；成绩虽然不太优秀，却又不算太差，各个方面的表现都极其一般。安分守己就是他们的特征，似乎没有过多需要，也没有特别的兴趣爱好。总之他们是一些既不特别好又不特别坏的"一般"学生。在一般情况下，我相信当过老师的人都有过这样的感觉，在班里首先认识的不是成绩突出的优生，就是调皮捣蛋的差生。却有这样一些学生，他们既得不到老师的批评，也得不到老师的表扬，是一些容易被老师忽略和"遗忘"的学生，那就是平时所说的中等生。对这一类学生的教育问题一直没有引起教育工作者的重视。现今大多数的教育问题都是涉及优秀生培养，或后进生的转化。总之，很少涉及中等生的教育问题。

在我所带的班级中，顾晓通同学就是这样一个似乎没有什么特色的中等生。他性格内向，很少与他人交往，也不大愿意说话，课堂上从不发言。在我接手这个班级后的很长时间内，几乎没有注意到他的存在。然而不久，由于他在一次化学考试中的成绩特别突出，从而引起了我对他关注，进而改变了我对他的看法，应该说，改变了我对中等生的关注。记得那次我单独把他叫到宿舍，对他进行了长谈，了解了他的很多情况。同时，我发现了他面对老师有种莫名的害怕，我想是没有过多同老师接触的原因。当即我决定要改变这个学生的现状，使他快速成长起来，快速挤进优等生的行列。那次长谈改变了我对这类中等生的看法，毫无疑问也改变了他自己。

考虑再三后，首先我决定对顾晓通同学采用赞美教育。具体做法是：在化学考试成绩公布之后的一节英语课上，在上课之初，我随即当着全班的面立刻表扬了晓通同学，尽力赞扬了他在学习上的努力，并给予了充分的肯定。希望他继续努力，争取在别的科目上争优，鼓励大家向他学习。令我没想到的是，赞美鼓励教育的效果立即就凸显了出来，我发现那节英语课他听得非常认真，虽然我知道，他不一定听懂，因为他的英语底子特别差，但是看他的认真劲，似乎在告诉我"老师，我会努力的，不会让你失望"。此后，我又从几件小事里发现了晓通性格中闪光的地方，并及时给予了表扬。并且还带动别的老师，一起鼓励他进步。这个过程大概持续了一个星期左右。渐渐地我发现他像变了一个人：从原先的不认真听讲到上课特别认真，从对作业的敷衍了事到完成得尤其好；陆陆续续地在别的老师嘴里也听到了对他的表扬；连他平时讨厌的英语课上，都表现得很认真；看见老师再也不低着头跑开了，而是主动地迎上来问好。我发现赞美教育在他身上起了作用后，又陆续分批在其他学生上，采用了赞美教育方式。发现这些学生身上有着很多的优点，只要好好发掘，会让你惊叹。我还总结了几个赞美技巧：及时赞美、直接式赞美、恰如其分地激励、当众赞美等。

但是，在赞美时，大家还应注意的是存在着边际效应递减效应。同样的一句美言，一个人听第一遍可能很开心，听第二遍就没有那么强烈的感觉了，听十遍可能都腻味了，这就是边际效应递减。

一个沉鱼落雁的美女前天听到别人说"美"，昨天又听到一句"真漂亮"，今天还是"你真的好漂亮"。她会觉得那不是赞美，那是陈词滥调。所以，对同一个人的赞美需要不时换一点新的花样，从不同角度不同方面赞美他或者她。

幽默

幽默是聪明和智慧的表现，是生命中不可缺少的营养，而且也是人际沟通的润滑剂。林语堂说："幽默是人类心灵的花朵。"苏联著名教育家苏霍姆林斯基也说："如果教师缺乏幽默感，就会筑起一道师生互不理解的高墙。""如果你具有幽默感，那么，最紧张的、有时能引起长时间气愤的局面，就可以得到缓和。孩子们之所以热爱和尊重快乐、不泄气、不悲观失望的教师，是因为孩子们自己是快乐的、具有幽默感的人。""他们会从每一个举动中、每一件生活现象中看出很小一点可笑的事。"幽默是一种风度，一种优雅，是人生的一种境界。而且幽默可以让师生之间的沟通更加顺畅。

【心理案例】

钱老师的幽默

我的老师今年四十多了，她有时可幽默了。

记得一次语文课上，老师在跟我们说写评语的秘诀。大家听得都很认真，教室里很静，老师绘声绘色地讲，我们凝神静气地听。

我也在用心地听着，听着听着……我不禁开始坐在椅子上左右摇摆起来，带着屁股底下的凳子也开始摇晃起来。突然"吱——嘭"一声巨响，真像是炮弹落地啊！我摔在了地上，椅子也侧倒在我的脚后跟。我躺倒在地上，吓得紧紧闭住了眼睛，心里就等着老师严厉地训斥我了。"哈哈哈——"同学们都笑翻了天，此时此刻我不好意思极了，恨不得找个地缝钻进去。我好担心把老师给激怒了，因为，是我把教室里的宁静突然打破了，搞得老师不得不中断讲课。

我轻轻爬起来，扶起椅子，坐上位置，不敢抬眼看老师，我在等待"暴风雨"的来临。"哦，快过年了，我有个重要消息告诉你们，你们记得回家提醒一下自己的父母！"老师一本正经地说。我暗想，咦，奇怪，我犯了这么大的错，老师居然不批评，好像没这回事似的，今天太阳从西边出来的？"是什么消息啊！？"旁边的同学急切地追问，我也敢抬起头看老师了。"今年市场上严禁出售烟花爆竹了，厂家也不生产了。"老师说得有板有眼，我们听得半信半疑。有的问："真的吗？"有的说："不可能吧？"也有的急不可待地站起来问："老师，老师，你听谁说的啊？过年真的不可以放烟花了吗？"停顿了好一会儿，等教室里静了下来，钱老师才慢悠悠地说道："没有烟花爆竹照样可以热热闹闹地过年啊！这不，现在流行'人肉炸弹'搞气氛啦！"说着，钱老师笑眯眯地斜眼儿瞟了我一下。"哈哈——"大家纷纷把目光对准我，哄堂大笑，我恍然大悟，羞愧得脸通红，不好意思地用手肘挡住了双眼。

我牢牢记住"脚踩地，腰挺直，胸挺起，肩摆平。"坐端正了，就不会当人肉炸弹了。这次我被钱老师结结实实地取笑了一回，印象特别深刻。从此以后，我上课再也不敢左摇右晃了。

副言语

什么是副言语，人们说话的音调、响度、速度、停顿、声调、降调的位置等都有一定的意义，可以成为人们理解言语表达内容的线索。这些伴随言语的线索成为副言语。同一句话加上不同的副言语，就可能有不同的含义。例如："你想到日本去"这句话，如果用一种平缓的声音说，可能只是陈述一种事实；如果加重"日本"这个词，则表示说着认为去日本不明智。如果加重"你"这个词，就可能是表达对那个人是否能独走他乡的怀疑了。

副语言在沟通中起着重要的作用，有时候，我们说"好心办坏事"仅仅是因为使用了不恰当的音量、语气或语调等。我们当然第一强调善心，但是在办事情的过程中

我们决不能因为自己的好心，觉得别人都可以理解自己一片好意，所以忽视了重要的沟通技巧，最后自己尽力办事都没得到好的结果，往往会"赔了夫人又折兵"。在很多电视剧里我们总是可以看到那些奸诈小人往往得势而好人似乎总是受挫，一方面是因为小人总是耍手段，另一方面未尝不是因为好人在办事情的时候总是不考虑方法，最后往往导致沟通不良，酿成悲剧。我们吸取教训，"有则改之，无则加勉。"

非语言沟通

说沟通就是讲话，不完全对。沟通时人与人之间建立联系"讲话"，而不仅仅是一个人的"独白"。另外尽管语言是沟通的主要方式，但不是唯一的方式。非语言沟通也是很重要的沟通方式。

非语言沟通通常指身体语言，包括目光与面部表情、身体运动与触摸、身体姿势与外表，身体之间的空间距离等。通过身体语言实现的沟通，称作身体语言沟通。心理学家经过严格的观察研究发现，"此时无声胜有声"绝不是简单的主观感受，而是科学事实。在两个人之间的面对面的沟通中，55%以上的信息交流，是通过无声的身体语言实现的。身体语言在人际沟通中，有着口头语言所不能替代的作用。虽然，把人的身体语言做一个专门领域来研究是20世纪70年代以后的事，但人们对于身体语言的注意，却已有一个漫长的历史。古希腊哲学家苏格拉底就曾经说过："高贵和尊严、自卑和好强、精明和机敏、傲慢和粗俗，都能从静止或运动的面部表情和身体姿势上反映出来。"

个人与外界联系的最主要的部位是面孔，因为脸上集中了接受各种外界刺激的感官，还通过表情和语言向外做出反应。因此，儿童最早分辨事物就是从眼睛里显示出来，目光和表情在身体语言中起着最重要的作用。

眼睛与表情

眼睛是心灵的窗口。人的一切情绪变化，都可以从眼睛里显示出来，眼睛是透露人的内心世界的最有效的途径，看一个人是不是真的笑只要通过判断眼睛是否微笑即可。因为人对自己的语言可以做到随意控制，也可以为了暂时适应某种情境的要求而口是心非，但对于目光，却很难做到随意控制。观察力敏锐的人，可以很好地从一个人的目光，看到一个人的内心的真实状态，看出他究竟是真的心情愉悦，还是内心苦闷却强装欢颜。眼睛不仅是心灵的窗户，更重要的是"眼睛会说话"。目光接触是最为重要的身体语言沟通方式。许多其他身体语言沟通，也常常与目光接触有关。人们可能都有经验，人际沟通中若缺乏目光接触的支持，沟通也会变成一个令人不快、并且高度困难的过程。例如，一个人与你说话却根本就不看你的眼睛，你会感到他说话没有诚意，甚至感到他不耐烦，以至于很难与对方保持默契的沟通。因为没有目光的接触，沟通过程就失去了一个重要的信息交流途径。

表情也就是面部表情，是另一个可以实现精细信息沟通的身体语言途径。同目光一样，表情可以有效表现肯定与否定、接纳与拒绝、消极与积极、强烈与轻松等各种维度的情感，准确地传达出各种不同的内心状态。面部表情可以随意控制，变化迅速，且表情的线索容易觉察，因而它是十分有效的身体语言途径。但由于表情肌的运动可以随意控制，因而也出现了虚假表情的问题。

身体运动与触摸

身体运动是最容易被觉察的一种身体语言，因为身体的运动更容易引起人们的注意。教师会借助各种手势语完成人际沟通。聋哑人借助于手势语，实现了与别人的沟通，摆脱了孤独。教师的手势语是指挥学生有节奏地进行学习活动的最佳手段，比语言省时直观。有时一个手势就是一个无声的命令，教师的意图会得到贯彻；有时一个手势就像一个信号，学生的错误借此得以纠正。富有感染力的手势应在柔曼中隐含刚劲，徐缓中渗透坚定；动作速度的快慢，动作幅度的大小，都应合上教学进程的节拍，引发学生感情的共鸣。教学中，要注意克服指指戳戳、乱舞乱画等不良手势习惯，尽量避免都有被别人触摸的需要手势的随意性。

触摸被认为是人际交往最有力的方式。每个人都会有体会，人在触摸或者身体接触时对情感融洽的体味最为深刻。心理学家发现，人都有被触摸的需要，人从出生开始，就存在与温暖，松软无力接触感到愉快的本能。所以小孩都愿意拥抱、抚摸和亲吻长毛绒玩具。

【扩展阅读】

亨利·哈罗的恒河猴实验

这项实验是由发展心理学家亨利·哈罗实验的。他被公认为自弗洛伊德之后在研究早期经验对成年的影响方面作出巨大贡献的心理学家。

哈罗认为幼猴除了基本的饥饿、干渴等生理需求外，它们一定还有一种要接触柔软物质的需求。为验证这个理论，哈罗和其合作者决定制作用于实验的不同类型的母猴。

他们制作的第一只代理母猴是这样的：用光滑的木头做身子，用海绵和毛织物把它裹起来；在胸前安装一个奶瓶，身体内还安装一个提供温暖的灯泡。然后他们又组装另一只不能提供舒适环境的代理母猴。这只母猴是由铁丝网制成，外形与木制母猴基本相同，以便使幼猴用接近木猴的方式接近它。这只铁丝母猴也安装能喂奶的乳房，且也能提供热量。换句话说，这只铁丝母猴与木制母猴相比，除了在被哈罗称为"接触安慰"的能力方面有差异外，其他方面完全一样。

然后，研究者把这些人造母猴分别放在单独的房间里，这些房间与幼猴的笼子相通。8只幼猴被随机分成两组，一组由木制母猴喂养（用奶瓶），另外一组由铁丝母猴喂养，也提供奶。哈罗企图将喂养的作用与接触安慰的作用分离开来。他把猴子放在笼子里，并记下在出生后的前5个月中，幼猴与两位"母亲"直接接触的时间问题。结果是令人惊讶的。

在最初的实验中，所有的幼猴与两只代理母猴都接触。其中一半幼猴由木制母猴喂奶，另一半则由铁丝母猴喂奶。现在，你可能已猜到幼猴偏爱的是由绒布包裹的木制母猴，但是令人惊奇的是，这种偏爱程度趋向于极端，甚至对那些由铁丝母猴喂养的幼猴而言也是如此。母猴是否满足幼猴的饥饿、干渴等生理需求并不是幼猴依恋母猴的主要因素，这与当时流行的观点相反。接触安慰在幼猴对母猴产生依恋的过程中有重要影响，这一点在实验中得到清楚的证明。经过最初几天的调适后，无论哪只母猴提供奶，所有的幼猴几乎整天与木制母猴待在一起。甚至是那些由铁丝母猴喂养的幼猴，它们为了吃奶才迫不得已离开木制母猴，吃完后便迅速返回到木制母猴这里。

分别由木制母猴和铁丝母猴喂养的两组猴子的行为特征进一步证明接触安慰的重要性。虽然两组猴子食量同样大，体重增长的速度也基本相同，但由铁丝母猴喂养原幼猴对牛奶消化不良，且经常腹泻。这说明，缺少母亲的接触安慰使幼猴产生心理上的紧张。

恐惧物体的实验进一步证明幼猴对木制母猴的依恋。每当幼猴发现自己正面对一些害怕的事物时，它们便很快跑向木制母猴，并抱住它以获得安慰的保护。随着幼猴年龄的增长，这种反应变得更加强烈。另外，无论是铁丝母猴喂养的幼猴，还是木制母猴喂养的幼猴，其反应没有差异：当它们害怕时，都会到绒布包裹的代理母猴那里寻求安全感。

哈罗的研究改变了当时的心理学流行观点，他的研究不断为许多研究接触、依赖和依恋对情感健康的作用的论文所引用。

教育实践也证明：小学生最喜欢的老师是"妈妈老师"，像妈妈一样的老师。妈妈最大的特点是和孩子经常有皮肤接触。因此，作为一名小学教师要学会适当地运用皮肤接触的方法，比如：拍拍小学生的小脑袋、肩膀和脊背，学生到校后牵着小学生的小手领进教室等人际沟通手段。

姿势与装饰

姿势与装饰是另外一种容易觉察的沟通途径。再迟钝的人，也能从一个人"从门缝里看人"的姿势中，感受到他的高傲与浅薄；最不注意评价别人的人也能从一个人的服饰或者其他装饰，看出一个人的风格。在日常生活中，人们也在经常使用姿势来进行沟通。在需要的表示对别人尊敬的情景中，如同上级谈话，人们的坐姿自然比较规范、腰板挺直、身体微倾，有些人则干脆"正襟危坐"。如果人们对别人的谈话表示不耐烦，则坐的姿势就会后仰，全身肌肉的紧张程度也会明显降度。教师在台上讲话，只要

看一眼学生的姿势, 就会大致明白他的讲话是否吸引学生。

【心灵鸡汤】

姿势透露着沟通信息

我国民间流传过这样一个故事: 一个人走进饭馆要了酒菜, 吃罢摸摸口袋发现忘了带钱, 便对店老板说: "店家, 今日我忘记了带钱, 改日再来。"店老板连声说: "不碍事, 不碍事。"并恭敬地送客出门。这个过程被一个无赖看在眼里, 他也装作斯文, 进店要了酒菜, 吃罢也摸了下口袋, 对老板说: "店家, 今日忘了带钱, 改日送来。"谁知店老板脸孔一板, 揪住他, 非剥他衣服不可。无赖不解, 便问: "人家赊账可以, 我为什么不行?"店家说: "人家吃菜筷子往桌上摆齐, 喝酒一盅盅地品, 斯斯文文, 吃罢掏出丝绢擦嘴, 是个有德行的人, 岂能赖我几个酒钱。你呢, 筷子往胸前找齐, 狼吞虎咽, 吃上瘾来, 脚蹬上条凳, 端起酒壶真往嘴里灌, 吃罢用手擦嘴, 分明居无定所、食无完餐的无赖之徒, 我岂能饶你?"一席话说得无赖哑口无言, 只得留下外衣, 狼狈而去。

人们也通过服装来透露自己的信息。很少有人对自己的服饰、仪表全无知觉。服饰主要有服装、化妆和携带品等几个方面。

如何做个擅长沟通的能量教师 ╱

了解了一般的沟通技巧后, 下面我们来关注一下教师如何实现有效地沟通。

提高感受性

教师在进行沟通前, 要尽量掌握对方的心理和行为的实际情况, 以便在沟通过程中对对方的一言一行, 甚至话外音都能心领神会, 做到"心有灵犀一点通"。

在人际沟通中, 有时听比说更重要, 要正确理解别人, 必须先听懂对方, 要听懂则必须专注地听, 不随便打断对方的谈话, 并不时用言语或非言语的方式给对方简短的回应，不明白时要礼貌地询问对方真正的意思以免曲解别人的意思。专注的倾听能使人感到自己的重要，能鼓励对方表达自己的想法，能促进真诚地沟通，产生良好的沟通效果。

【心理课堂】

倾听

※全身心的倾听

首先是观察和觉察对方的非言语行为——身姿、表情、动作、手语等；

理解对方的语言信息；

联系对方所生活的社会环境，倾听其整个人；

留意对方的表达中透露出的可利用的资源和需要挑战的地方。

※倾听的语言技巧

要求对方补充说明，建议对方讲得更详细，或补充说明一些情况；

提问——对不清楚的地方，提出问题，让对方讲得更清楚、明白和详细；

提出共同的经历和意见；

交换答案，不要老是一贯地"对对对"；

明确回答，回答具体明确，直截了当；

多描述少评论——多用"是的"、"我理解你的想法"、"我同意"等；

保持耐心，让对方把话说完；

阐述自己的理解、解释对方的意图。

※倾听的非语言技巧

身体前倾，表示对对方感兴趣，给人留下洗耳恭听的感觉；

面对对方，一种表达投入的姿态，你采取的身体朝向能够告诉对方，你正与他同在；

姿势开放——交叉双手和双脚可能意味着心理上的封闭，会削弱你给予他人的关心感；

开放的姿势可能显示你接纳对方的态度；

保持目光接触——说话人会从我们的眼睛中读出我们是否对他感兴趣，因此要尽可能地瞧着对方；

尽量地做到相对放松——放松意味着大方，也意味着你在利用躯体作为交流手段时能做到轻松自然；

利用积极地面部表情和动作；

利用声音的反应，抑扬顿挫、铿锵有力，表示你对对方的话感兴趣。

如果将以上所有我们提到的技巧归结为一句话，那就是：将心比心倾听。这样的倾听方可以为别人提供"心理空气"。没有空气，人类无法生存，所以不得不设法满足需求。

重视双向沟通

教师的沟通中，主要的是双向沟通，双向沟通伴有反馈过程，使发送者可及时了解到信息在实际中如何被理解、接收；使接受者得以表达接受时的困难，从而得到帮助和解决。只有当信息对双方都是熟悉的和例行的，或者信息所反映的客观对象十分明朗，且断定信息的准确性是有保证的，或者是必须迅速传递的，这些情况下采用单向沟通是合适的，否则就应当采取双向沟通。老百姓说"驴唇不对马嘴"讲的就是双向沟通不良的表现。

正确运用文字语言

教师在沟通中，要使用对方易懂的语言，意思要明确，注意力要集中，感情要真挚。沟通之前，先尽量明确自己的思想、系统的计划，有效地提高沟通的效率。

另外，在人际沟通中，我们必须保持适当的交往距离。我们都喜欢用"亲密无间"

这个词来形容很要好的朋友。其实真的到了亲密无间的程度往往会适得其反。朋友之间保持一定的距离是很必要的。只是不同程度的朋友其距离大小不同。这里说的距离，主要指的是应有的礼貌和尊重。有些人一旦混熟了，就丢掉了分寸感，进入了所谓不分彼此的境界。物极必反，一旦到了这种程度势必侵入了别人的私人空间，给人造成不悦；没了分寸，就会把一些看似小节实际上是挺重要的问题，放在了无关紧要的地位，可能会增加误会和摩擦。

有人说得好，"交友之道，宛如观荷。亭亭如盖，盈盈欲开，最易远观。而香随风送，无语沁人，至臻妙境。太过近前，反见残枝败叶，腐水囤积，不免败兴"。每个人都有自己的空间，都有一方荷塘。我荷观彼荷，自悦与悦人，享受悠悠与宽阔。这样的境界需要我们在人际交往的过程中自己体会，方能感触颇多。

【心理自助园地】
人际关系小测试

本测试共28个问题，每个问题做"是"（打√）或"否"（打×）回答。请你认真完成。然后参看后面的记分方法，对测验结果做出解释（是 1 否 0）。

1. 关于自己的烦恼有苦难言

2. 和生人见面时感觉不自然

3. 过分羡慕和妒忌别人

4. 与异性交往太少

5. 对连续不断的会谈感到困难

6. 在社交场合感到紧张

7. 时常伤害别人

8. 与异性来往感觉不自然

9. 与一大群朋友在一起，常感到孤寂或失落

10. 极易受窘

11. 与别人不能和睦相处

12. 不知道与异性相处如何适可而止

13. 当不熟悉的人对自己倾诉他的生平遭遇以求同情时，自己常感到不自在

14. 担心别人对自己有什么坏印象

15. 总是尽力使别人欣赏自己

16. 暗自思慕异性

17. 时常避免表达自己的感受

18. 对自己的仪表（容貌）缺乏信心

19. 讨厌某人或被某人所讨厌

20. 瞧不起异性

21. 不能专注地倾听

22. 自己的烦恼无人可申诉

23. 受别人排斥与冷漠

24. 被异性瞧不起

25. 不能广泛地听取各种意见、看法

26. 自己常因受伤害而暗自伤心

27. 常被别人谈论、愚弄

28. 与异性交往不知如何更好地相处

总分结果解释:

如果总分在0—8分，说明受测者善于交谈，性格开朗，主动，关心别人，对周围朋友很好，愿意与他们在一起，彼此相处得不错。

如果总分在9—14分，说明受测者与朋友相处有一定的困扰，人缘一般，与朋友的关系时好时坏，经常处于起伏变动之中。

如果总分在15—28分，说明受测者在与朋友相处时存在严重困扰。分数超过20分，则

表明人际关系行为困扰程度很严重,而且在心理上出现较为明显的障碍。受测者可能不善于交谈,也可能是个性格孤僻的人,不开朗,或者有明显的自高自大、讨人嫌的行为。

分测试结果解释:

Ⅰ 题目 1 5 9 13 17 21 25 小计:

Ⅱ 题目 2 6 10 14 18 22 26 小计:

Ⅲ 题目 3 7 11 15 19 23 27 小计:

Ⅳ 题目 4 8 12 16 20 24 28 小计:

下面根据各个小栏上的得分,具体说明受测者与朋友相处的困扰行为及其纠正方法。

记分表Ⅰ栏上的小计分数,显示出受测者在交谈方面的行为困扰程度。

如果得分在6分以上,说明受测者不善于交谈,只有在极需要的情况下才同别人交谈,总难于表达自己的感受,无论是愉快还是烦恼;受测者不是个很好的倾听者,往往无法专心听别人说话或只对单独的话题感兴趣。

如果得分在3—5分,说明受测者的交谈能力一般,能够诉说自己的感受,但不能讲得条理清晰。如果受测者与对方不太熟悉,开始时往往表现得比较拘谨与沉默,不太愿意与对方交谈。但这种状况一般不会持续太久。经过一段时间的接触,受测者可能会主动与人搭话,这方面的困扰也就会随之减轻或消除。

如果得分在0—2分,说明受测者有较高的交谈能力和技巧,善于利用恰当的说话方式来交流思想感情,因而在与别人建立友情方面,往往更容易获得成功。

记分表Ⅱ栏上的小计分数显示出受测者在交际与交友方面的行为困扰程度。

如果得分在6分以上,说明受测者在社交活动与交友方面存在严重的行为困扰。例如,在正常集体活动与社交场合,比大多数同伴更为拘谨;在有陌生人时,往往感到更加紧张;往往过多考虑自己的形象而使自己处于越来越多被动和孤立的境地。

如果得分在3—5分,说明受测者在社交与交友方面存在一定的困扰。受测者不喜欢一个人待着,需要和朋友在一起,但却不善于创造条件并积极主动地寻找知心朋友。

如果得分在0—2分，说明受测者对人较为真诚和热情，不存在人际交往困扰。

记分表III栏上的小计分数，显示出受测者在待人接物方面的困扰程度。

如果得分在6分以上，说明受测者缺乏待人接物的机智与技巧。在实际的人际交往中，受测者也许有意无意地伤害别人，或者过分羡慕别人以致在内心嫉妒别人。因此，可能受到别人的冷漠、排斥，甚至愚弄。

如果得分在3—5分，说明受测者是个多侧面的人，也许是一个较圆滑的人。对待不同的人，受测者有不同的态度，而不同的人对受测者也有不同的评价。受测者讨厌某人或者被某人讨厌，却非常喜欢一个人或者被另一个人喜欢。受测者的朋友关系某些方面是和谐的、良好的，某些方面确实是紧张的、恶劣的。因此，受测者的情绪很不稳定，内心极不平衡，常常处于矛盾状态中。

如果得分在0—2分，说明受测者较尊重别人，敢于承担责任，对环境的适应性强。受测者常常以自己的真诚、宽容、责任心强等个性特点，获得众人的好感与赞同。

记分表IV栏上的小计分数，显示出受测者同异性朋友交往的困扰程度。

如果得分在5分以上，说明受测者在与异性交往的过程中存在较为严重的困扰。也许受测者对异性存有过分的思慕，或者对异性持有偏见。这两种态度都有片面之处。也许是不知如何把握好与异性同学交往的分寸而陷入困扰之中。

如果得分在3—4分，说明受测者与异性交往的行为困扰程度一般。有时受测者可能觉得与异性交往是一件愉快的事，有时又可能觉得这种交往似乎是一种负担，不知道如何与异性交往最适宜。

如果得分在0—2分，说明受测者知道如何正确处理与异性朋友之间的关系。受测者对异性持公正的态度，能大方自然地与他们交往，并且在与异性朋友交往中，得到了许多从同性朋友那里得不到的东西。受测者可能是一个比较受欢迎的人。无论是同性朋友还是异性朋友，多数人都比较喜欢和赞赏受测者。